PIENSA
Y SERAS
RICO

Una Opción Latina

PIENSA
Y SERAS
RICO

Una Opción Latina

Lionel Sosa
con la Fundación Napoleón Hill
Traducido al español por Enrique Zaldua

BALLANTINE BOOKS
New York

Al amor de mi vida,
mi adorada esposa
Kathy Sosa,
que ha leído cada página
de este libro y ha contribuido
a hacerlo infinitamente mejor.

Prólogo

Como director ejecutivo de la Fundación Napoleón Hill, decidí publicar un libro dirigido especialmente a la creciente población hispana del mundo. Luego de estar suscrito a una revista hispana y de haber leído a otros autores hispanos, quería que el libro tomase como referencia los principios del éxito que el Dr. Napoleón Hill había estudiado, aplicado y dado a conocer en uno de sus libros más famosos, *Think and Grow Rich,* escrito en 1937. Desde entonces se han vendido más de 25 millones de ejemplares y, aún ahora, sigue siendo uno de los libros más vendidos.

Comuniqué mi deseo de encontrar un autor hispano conocedor de la obra del Dr. Hill a Phil Fuentes, uno de los administradores de la Fundación, y él me preparó un encuentro con Lionel Sosa, autor de *The Americano Dream: How Latinos Can Succeed in Business and in Life.* Tras reunirme con Lionel en Chicago y hablar con él supe que había encontrado la persona adecuada para escribir un libro sobre el éxito dirigido especialmente a la dinámica población hispana.

Lionel comenzó a leer a Napoleón Hill cuando trabajaba pintando letreros por $1.10 a la hora. Posteriormente, empleó la filosofía del éxito de Hill para crear su propia empresa y convertirla en la agencia hispana de publicidad más grande de los Estados Unidos.

Cuando lean la historia de Lionel Sosa y se den cuenta de todos sus logros les vendrá a la cabeza aquello que decía Napoleón Hill: "No hay nada que la fe y un deseo ferviente no puedan hacer realidad".

Los relatos personales de Lionel y de otros extraordinarios hispanos le demostrarán que usted tiene al alcance de su mano un descubrimiento clave: que su origen es menos importante que su destino. Y Sosa le enseñará a viajar en la dirección correcta.

A medida que vaya leyendo estas historias, fíjese en los principios del éxito que utilizaron sus protagonistas para alcanzar sus sueños. Leer lo que consiguieron otras personas le llevará a darse cuenta de que, si estudia y aplica estos principios, usted también puede llegar al éxito. Las personas que triunfan en la vida lo hacen luego de superar todo tipo de adversidades. Su viaje hacia el éxito probablemente no será diferente.

Le deseo la mejor de las suertes. Tenga siempre la seguridad de que además de vivir en uno de los países más fantásticos del mundo, seguir los principios de los que tan inteligentemente escribe Sosa sólo hará que su viaje sea más sencillo y gozoso.

Don M. Green
Director Ejecutivo
Fundación Napoleón Hill

Contenidos

Prólogo   ix

1   Cinco minutos que cambiaron mi vida   3

2   Definición del propósito—Charles Patrick García   18

3   La alianza de mentes maestras   30

4   Una personalidad atractiva—Adrienne Pulido   42

5   Fe aplicada—Jesse Treviño   65

6   Siempre un poco más—Alberto Gonzales   81

7   Iniciativa personal—Raúl Romero   92

8   Actitud mental positiva—Linda Alvarado   100

9   Entusiasmo controlado—Sara Martínez Tucker   110

10   Autodisciplina—Patricia Díaz Dennis   118

11   Atención controlada—Lionel y Roberto Sosa   134

12   La inspiración de trabajar en equipo—Jeff Valdez y Bruce Barshop   145

13   Pensamiento certero—Raymund Paredes   154

14   La adversidad como consejera—Phil Fuentes   166

15   Pensamiento creativo—Anna Cabral   176

16   Buena salud—Jeff García   189

17   Gestionar el tiempo y el dinero—Joe Reyes   199

18   La fuerza de la rutina cósmica—Virgilio Elizondo   210

19   El salto definitivo   222

Agradecimientos   227

Notas   229

Índice   231

PIENSA
Y SERAS
RICO

Una Opción Latina

Cinco minutos que
cambiaron mi vida

La primera vez que oí hablar *de Think and Grow Rich* (Piensa y serás rico) tenía 23 años. Casado, con dos hijos y con otro en camino, hacía lo que creía que me correspondía hacer: trabajar sin parar para salir adelante. Corría el año 1963, y el salario mínimo era de $1 la hora. Yo ganaba incluso más, $1.10, y estaba satisfecho con eso. Tenía un trabajo de oficina como diseñador de rótulos de neón en un pequeño taller llamado Texas Neon. Pero el dinero que llevaba a mi casa al final de cada semana, una vez descontados los impuestos y demás deducciones, no pasaba de $37.50, apenas suficiente para cubrir gastos. Todos los días andaba preocupado y rezaba para que ninguno de mis hijos cayera enfermo. ¿Cómo iba a pagar al médico si ocurría algo?

Un día me sonrió la suerte. Una mujer llamada Sally Pond entró en la tienda y nos encargó que diseñáramos un rótulo pequeño para su edificio de oficinas con la leyenda *Escuela Para el Éxito Personal.* Mientras nos explicaba a qué se dedicaba, yo no despegaba mis oídos de lo que decía. Nos prometía que cualquiera que tomara su curso y siguiera las enseñanzas de Napoleón Hill y sus 17 principios para el éxito personal se haría rico. Tan rico como quisiera.

¿Napoleón Hill? ¿Y ése quién era? ¿Era francés? ¿Era pariente de Bonaparte? ¿Estaba muerto? "No", dijo la mujer. "Este hombre está vivo y reside en Chicago. Y por lo que a mí concierne, es más importante que Napoleón Bonaparte. *Este Napoleón te hará millonario*".

En cinco minutos, Sally Pond me enroló en el curso. Y en esos cinco minutos mi vida cambió. No sólo puede diseñar su letrero, sino que, además, tuve la oportunidad de diseñar mi propio futuro y de adquirir los conocimientos que me llevarían a gozar de una vida feliz y a ganar millones. Pedí prestado el dinero para pagar el curso y me uní a otros 15 aspirantes a millonario en la Escuela Para el Éxito Personal de Napoleón Hill. Las 17 semanas que pasé allí transformaron mi vida para siempre.

La máxima de Hill era: "Tú puedes conseguir cualquier cosa que tu mente sea capaz de concebir y creer". Yo absorbía todas y cada una de sus palabras. Después de todo, su filosofía no era sólo la opinión de un hombre. Era una visión compartida por cientos de las personas más brillantes y exitosas de todo el mundo. Napoleón Hill había pasado más de 20 años destilando ese tesoro. Un tesoro producto de horas, días y semanas de entrevistas con presidentes, jefes de estado, inventores y magnates de la industria. Su obra era una mina de oro de información y de secretos para alcanzar el éxito.

Yo tenía los ojos tan abiertos como dos pelotas de béisbol. Sentía una emoción increíble. Imagínate: ¡Podía hacerme rico! ¡Podía ser feliz! ¡Tendría la posibilidad de hacer una contribución muy importante a la sociedad si aprendía y ponía en práctica los 17 principios para el éxito personal que enseñaba Hill! Incluso antes del primer día de clase, noté que algo empezaba a cambiar dentro de mí. Por primera vez en mi vida, en lugar de sentirme preocupado por el futuro, lo esperaba con optimismo.

El curso fue impartido en 17 sesiones. Arrancábamos puntualmente los lunes a las 5 de la tarde. Cubríamos una lección nueva por semana, y cada lección estaba dedicada a uno de los principios. Durante los primeros 20 minutos de clase, nos mostraban una película de 16 mm en la que el Sr. Hill nos daba una idea general del tema que íbamos a tratar esos días. La primera semana, *Definición del propósito*. La segunda, *La alianza de mentes maestras*, y así sucesivamente. Se nos animaba a debatir, y las conversaciones eran muy animadas. Teníamos que rellenar cuadernos de trabajo y hacer deberes en casa. Sally solía invitar a clase a personas que habían triunfado para que nos contaran sus propias historias de cómo habían hecho realidad sus sueños poniendo en práctica las enseñanzas de Hill. Muchos de los estudiantes nos hicimos buenos amigos a pesar de que no socializábamos mucho después de las clases; preferíamos volver a casa a toda prisa para hacer nuestros deberes y prepararnos para la semana siguiente.

Si hubiese sido más viejo y experimentado, podría haber sentido un cierto escepticismo respecto a toda aquella filosofía. Podría haber cuestionado su excesiva sencillez, como la idea de que uno puede conseguir cualquier cosa que su mente crea que puede lograr. Podría haberme cuestionado que algunas de sus enseñanzas sonaban demasiado simples, como el concepto de la autosugestión o la idea de que uno puede convencerse a sí mismo de cualquier cosa, sea buena o mala. Ser joven e ingenuo puede ser algo muy positivo. Para mí fue una bendición. No ponía en duda nada de lo que escuchaba. Mi mente estaba totalmente abierta. Lo interiorizaba todo.

Sea cual sea tu edad, experiencia o nivel de madurez, cuando leas este libro déjate sentir como que vuelves a ser un niño. Mantén la mente abierta. No vengas en este viaje cargado de cinismo y de dudas. Sé consciente de que este tipo de lastre es producto de las experiencias pasadas y del racionalismo, de una forma de entender las cosas que aprendemos cuando nos hacemos adultos. Es un lastre demasiado pesado para llevarlo a cuestas en tu camino hacia el éxito y la riqueza. Bótalo.

Además, empápate de los 17 principios. Es posible que no llegues a dominarlos todos, pero eso no importa. Varias de las personas que entrevisté para el libro (muchos son discípulos de Napoleón Hill y han leído *Think and Grow Rich*) me cuentan que no utilizan más que un puñado de esos principios cada día. Pero eso sí, lo hacen todos los días, y eso es lo importante.

Mirando atrás, me doy cuenta de que yo sólo aprendí a dominar cuatro de ellos. Sin embargo, fueron tan poderosos que me dieron todo lo que necesitaba. Y exactamente lo que necesitaba. En páginas posteriores del libro les contaré qué cuatro principios fueron los que mejor aprendí y cómo siguen contribuyendo al éxito en mi vida.

Los latinos y el éxito

Quizás estás leyendo este libro porque eres latino. O simplemente tienes curiosidad sobre los casi 50 millones de nosotros que vivimos en Estados Unidos y Puerto Rico. A lo mejor sólo buscas aprender algo nuevo acerca del billón de personas que habitamos en estos continentes conocidos como las Américas. ¿Sabías que dos terceras partes de la población de las Américas es hispana?

Observarás que empleo los términos "latino" e "hispano" indistintamente. Personalmente, yo prefiero el vocablo "latino" porque comparto lo que dice el cómico George López: no le gusta la palabra "hispano" (*"hispanic"*, en inglés) porque contiene la partícula *"panic"* (pánico)[1].

¿Por qué necesitan los latinos una versión propia de *Think and*

---

[1] En el original, el autor hace el juego de palabras en inglés. (Nota del traductor).

Grow Rich, un libro que existe desde la década de los 1930 y que ha servido para que decenas de miles de personas corrientes se transformen en líderes y millonarios? Los italianos no tienen su versión propia; tampoco los judíos. Entonces, ¿por qué los latinos sí? Buena pregunta. Hay dos razones:

1. No hay ninguna otra comunidad mejor preparada para aprovechar las lecciones de *Piensa y serás rico* que la latina.
2. Por otro lado, no hay ninguna comunidad peor preparada para aprovechar las lecciones de *Piensa y serás rico* que la latina.

¿Te suena raro? No tanto. Permíteme explicarlo. Los latinos que vivimos en Estados Unidos tenemos muchas razones para sentirnos orgullosos. Somos la principal minoría por número de habitantes, y eso nos hace grandes e importantes. Ha llovido mucho desde los tiempos en que los restaurantes colgaban letreros que decían: "Prohibida la entrada a mexicanos y a perros".

Actualmente, llegan buenas noticias de todos lados: la renta y la capacidad adquisitiva de los hispanos se encuentran en sus niveles más altos históricamente, y lo mismo ocurre con las casas en propiedad. Nuestro espíritu emprendedor es legendario; los latinos de Estados Unidos ponemos en marcha todos los años más empresas que cualquier otro grupo étnico. Y nuestra influencia política ha contribuido a elegir a dos presidentes. Los latinos pegamos fuerte en la cultura pop, la música, el entretenimiento y las artes. Muchos anglos aspiran a ser latinos. ¡Es maravilloso!

Pero no todas las noticias son de color de rosa. Nuestra tasa de graduación en la educación secundaria y en la universidad es la más baja de entre todos los grupos. A pesar del avance, seguimos teniendo una renta per cápita inferior a la de los otros grupos étnicos. Pocos de nosotros ocupamos puestos en directorios corporativos o tenemos altos cargos ejecutivos. Los problemas que genera nuestra emigración siguen atrayendo la atención de todo el país.

El profesor de la Universidad de Harvard Samuel P. Huntington escribió un libro titulado *Who are We?* en el que describe a los latinos como una amenaza a los logros de Estados Unidos y a lo que representa este país. Huntington está en desacuerdo con mi opinión de que el *sueño americano* es para todos, y así lo hace constar en su libro. "[Sosa] no tiene razón", dice. "No existe tal *sueño americano*. El único *sueño americano* es el inventado por la sociedad Anglo-Protestante. Los mexicano-americanos sólo compartirán ese *sueño* si sueñan en inglés".

¿Quién dice que los mexicano-americanos no sueñan en inglés? Nosotros soñamos en dos idiomas, y el inglés es uno de ellos. Es el Dr. Huntington quien se equivoca. Y mucho. Los latinos nos sentimos atraídos hacia Estados Unidos por lo mismo que se sienten atraídos todos los que emigran a este país: por la oportunidad de lograr el éxito sobre la base del talento, el corazón, el trabajo duro y la iniciativa personal.

Se habla mucho de nosotros, algunas cosas buenas, otras menos, pero se sabe muy poco de cómo somos en realidad. Y lo cierto es que somos nosotros los primeros que desconocemos mucho acerca de nosotros mismos. ¿Cuántos latinos saben que los hispanos se asentaron en Norteamérica 78 años antes de que los Peregrinos fondearan en Plymouth Rock? ¿O que México y Cuba, entonces territorios españoles, y la propia España financiaron en gran parte la Guerra de la Independencia de Estados Unidos? ¿Cuántos estadounidenses pueden nombrar una docena de las 1,500 ciudades y cuatro estados con nombres españoles que hay en el país? San Francisco no es "Saint Francis". Nevada no es "Snowfall". Los hispanos dieron nombre a esas ciudades y estados porque nosotros llegamos antes que los británicos.

Pero esto es sólo el comienzo. Lo más importante es saber quiénes somos ahora, lo que pensamos y el impacto que va a tener nuestro éxito en los Estados Unidos de nuestro tiempo.

La experiencia latina

Vayamos al grano. ¿Quiénes somos los latinos? Para empezar, somos una comunidad muy compleja, una amalgama de pueblos de 25 países de Norte, Sur, Centro América y el Caribe, así como España y Portugal. A medida que crecemos y entramos a formar parte del *mainstream* aumenta nuestra complejidad y las dificultades para comprenderla.

Algunos *gringos* (utilizo el vocablo con cariño) piensan que somos extraterrestres. Para muchos latinoamericanos somos una especie de híbrido que se ha olvidado de la madre patria. Otras minorías en Estados Unidos son más fáciles de entender, quizás porque comparten una experiencia y, a menudo, una herida comunes. Los judío-americanos tienen el Holocausto. Los afro-americanos, el sentido de la identidad y unidad que emana de haber sufrido esclavitud. Incluso los que no son minoría tienen sus símbolos: los texanos cuentan con El Álamo, y los sureños con Appomattox.

¿Y los latinos, que tenemos? Como decía Cantinflas: "Ahí está el detalle". Nuestra historia es difícil de definir. No tenemos una herida evidente, pero debe estar en algún sitio. De lo contrario, ¿por qué se nos considera minoría en ciudades como San Antonio, donde siempre hemos sido mayoría? ¿Por qué, si no, tenemos tasas de pobreza más altas y peores resultados, por ejemplo, en la educación?

Los expertos parecen tener todas las respuestas. Algunos dicen que es a causa de la oleada constante de nuevos inmigrantes pobres y sin educación. Otros argumentan que los latinos se sienten cohibidos porque su cultura y su historia les empujan a tener unas expectativas menores para ellos y para sus hijos. Los hay que alegan que somos unos simples optimistas y que medimos el éxito con criterios diferentes. En su libro *Strangers Among Us* Roberto Suro escribe que mientras los latinos nos vemos a nosotros mismos como respetuosos, la sociedad estadounidense nos percibe como serviles. Raúl Yzaguirre, fundador del Consejo Nacional de La Raza, cree que el "sistema" actúa en contra de los latinos y que la culpa la tienen los prejuicios y la falta de recursos económicos que aporta el Gobierno.

Quizás todos ellos tengan razón. Pero hay algo más que influye en nuestro bajo estatus económico. Las investigaciones que he realizado en estos 20 años me llevan a pensar que puede ser debido a la falta de autoidentidad y, por tanto, de autoconfianza. ¿Es posible que la conquista de los españoles y los portugueses nos dejara una huella tan profunda que todavía hoy en día nos haga sentirnos menos valiosos? Para explorar esta cuestión es preciso *pelar la cebolla*. Capa a capa. Aunque duela.

El prestigioso teólogo y sacerdote Virgilio Elizondo hace a menudo la siguiente observación en sus escritos:

> Somos el mestizaje o la mezcla de los españoles y los nativos de las Américas. Como tal [mestizaje], fuimos al mismo tiempo anfitriones y huéspedes. Fuimos explorados y exploradores. Colonos y colonizados. Conquistados y conquistadores. Víctimas y verdugos. Además de ser los hijos, somos la madre y el padre de esta tierra que llamamos Estados Unidos de América. Y como nuestros orígenes son tan recientes —500 años, comparados con los 48,000 de Europa— estuvimos aquí para ser testigos y registrar nuestro propio nacimiento.

Muy fuerte, ¿no? El padre Virgilio es un genio (encontrarás su historia en el último capítulo del libro). Al examinar sus lúcidas ideas hay dos puntos que destacan:

1. *Los latinos compartimos una herida muy especial: la Conquista*
   Inconscientemente, este proceso histórico creó la dicotomía

macho/siervo. Un momento podemos ser tan duros como un conquistador y al siguiente tan sumisos como un esclavo. En público, muchos de nosotros nos comportamos como siervos. En casa, nos ponemos la coraza de acero del macho.

2. *Los latinos compartimos una característica particular*
Gozamos de una energía y un optimismo inagotables surgidos de la necesidad de sobrevivir ante los embates constantes de la opresión.

Ahora veamos cómo podemos aplicar estas observaciones a nuestro objetivo de pensar y hacernos ricos.

Cómo aprovechar las enseñanzas de *Piensa y serás rico*

El peso cultural arrastrado desde nuestros orígenes ejerce una influencia muy sutil sobre nuestros éxitos y fracasos. Nuestras raíces nos hacen lo que somos y marcan nuestros valores más profundos. Esos valores dictan nuestras convicciones, y las convicciones mueven nuestro comportamiento. ¿Arrastras algún bagaje cultural negativo en tu camino hacia una vida de riquezas? ¿Lo arrastras acaso sin darte cuenta de ello?

Para que *Piensa y serás rico* te sirva a ti como latino, primero tienes que entender los factores que nos afectan:

1. Nuestra mentalidad inconsciente de siervo/macho
2. Nuestro optimismo y energía inagotables
3. Nuestros valores comparados con los valores anglos

Exploremos estos puntos por separado.

1. Nuestra mentalidad inconsciente de siervo/macho

Muchos latinos se enojan cuando hablo del concepto de "servidumbre inconsciente" (aunque parece que no les importa demasiado lo de "macho"). Piensan que menosprecio nuestro sistema de valores. Sin embargo, nada más lejos de mi intención. Me encantan nuestros valores conservadores más esenciales. Creo en ellos y los asumo, pero yo siempre insisto:

"Veamos, contéstame a esto: ¿Qué te enseñan a decir tus padres cuando te llama un adulto?", les pregunto.

"Mande usted".

"¿Qué significa 'mande usted'?"

"Significa, '¿sí?'. Es una forma de responder a la llamada".

"Vamos, vamos; ¿qué significa realmente? ¡Piensa!"

"Es como decir '¿qué?' pero más respetuosamente".

"Piensa", insisto.

Se lo deletreo: M-Á-N-D-E-M-E.

¿Que me mande? ¿Que me ordene?

¡Aah, ya caigo!

¿Has oído alguna vez a un niño anglo responder a la llamada de su padre con un "mándeme usted"? Por supuesto que no. Sin embargo, los latinos lo decimos todos los días porque creemos que es una forma respetuosa de comportarnos. Los niños responden a los mayores de esa manera, los empleados lo hacen con sus jefes, las criadas con las señoras de las casas. Está tan enraizado que incluso cuando nos damos cuenta de lo que decimos lo seguimos haciendo.

Otros ejemplos de este fenómeno: "A sus órdenes"; "Para servirle"; "Con su permiso"; "Como usted mande"; "Por nada" (después de gracias).

En México esto supone ser respetuoso. En Estados Unidos, sumiso. A eso llamo yo servidumbre inconsciente. No hay nada malo en ser educado y servicial. De hecho, es bueno para los negocios. Pero como latinos debemos tener bien presente que la línea que separa lo servicial de lo servil es muy fina.

Hay que tener en cuenta, por otro lado, que este fenómeno del *mande usted* es aplicable a México, Centroamérica y al cono norte de Sudamérica, es decir, donde se produjo una mezcla de razas mayor tras la conquista. No es un término utilizado en toda América Latina.

2. Nuestro optimismo y energía inagotables

En la mayor parte de América Latina las personas de a pie, el ciudadano medio, ve cómo le arrebatan sus ilusiones de prosperar cada vez que empieza a salir adelante. Hay frecuentes e importantes devaluaciones monetarias. Su dinero se puede convertir en papel mojado de la noche a la mañana. Las devaluaciones normalmente ocurren en los momentos de cambio de Gobierno. La gente pierde sus ahorros, sus hogares y sus futuros.

¿Y qué hacen? Empiezan otra vez. "Tenemos que seguir adelante", suspiran. Y lo hacen. Es su fe en Dios y el amor a su familia lo que mantiene vivas sus esperanzas.

¡A eso llamo yo optimismo y energía inagotables! Están dentro de todos y cada de uno de nosotros. Y podremos aprovecharlos de verdad cuando comprendamos los principios de *Piensa y serás rico*.

3. Nuestros valores comparados con los valores anglos

Es importante que seamos conscientes de estos valores, dónde divergen, dónde convergen y las raíces de las que emanan. Los valores latinos están basados en el Catolicismo, el colonialismo español y el respeto a la autoridad. Es una cultura de interdependencia y responsabilidad personal centrada en los lazos familiares:

- La familia es lo primero
- La familia está para ayudarse
- Fe total en Dios
- Humildad
- Trabajo duro
- Sacrificio
- Estabilidad
- Respeto a la autoridad
- Modestia
- Dios ama a los pobres
- Yo acepto los problemas que me trae la vida
- Un éxito pequeño está bien
- Que sea lo que Dios quiera
- Espero que algún día…

La cultura angloamericana es muy distinta. Se basa en la formación de una nación libre e independiente en la que "todos los hombres son creados iguales". La individualidad y la libertad de expresión son enormes. Los valores angloamericanos se basan en las filosofías protestantes, puritanas y calvinistas. Éstas promueven la idea de que aquellos que nacen, o se hacen, ricos han recibido una bendición especial. Y como tienen esa bendición, deben asumir una mayor responsabilidad hacia la sociedad.

- Individualismo
- Si uno se ayuda a sí mismo, ayuda a la familia
- Fe en uno mismo y en Dios
- Autoexpresión
- Trabajo inteligente
- El sacrificio te llevará a la recompensa
- ¿Qué hay de nuevo? ¿Qué viene ahora?
- Cuestionamiento de la autoridad
- Ensalzar los propios logros
- Dios también ama a los ricos
- Yo resuelvo los problemas que me trae la vida
- Un éxito mayor está mejor
- Lo que yo quiera
- Lo lograré

Estos valores esenciales prácticamente se dan por hechos. Aunque no están grabados a fuego en ningún sitio, el comportamiento de los ciudadanos los va interiorizando lenta e inexorablemente.

Cuando se comparan los valores latinos y los angloamericanos sucede algo increíble. La naturaleza bipolar de los dos sistemas de valores crea una tensión. Yo la ilustro así:

Valores Latinos	Valores Anglos
Basados en el Catolicismo, el colonialismo español y el respeto a la tradición	Basados en la concepción puritana, protestante y calvinista de una América nueva y libre
INTERDEPENDENCIA	**INDEPENDENCIA**
La familia es lo primero	Primero yo
La familia está para ayudarse	Si uno se ayuda a sí mismo, ayuda a la familia
Fe en Dios	Fe en uno mismo y en Dios
Humildad	Autoexpresión
Trabajo duro	Trabajo inteligente
Sacrificio	El sacrificio te llevará a la recompensa
Estabilidad	¿Qué hay de nuevo? ¿Qué viene ahora?
Respeto a la autoridad	Cuestionamiento de la autoridad
Modestia	Ensalzar los propios logros
Dios ama a los pobres	Dios también ama a los ricos
Yo acepto los problemas que me trae la vida	Yo resuelvo los problemas que me trae la vida
Un éxito pequeño está bien	Un éxito mayor está mejor
Que sea lo que Dios quiera	¡Lo que yo quiero también!
Espero lograr	Tengo fe en que lo lograré
Vergüenza	¿Eso qué es?
Sacrificio	Hasta cierto punto
Sufrimiento	Evitar a toda costa
Sudor	Pero no para siempre
Responsabilidad	Por supuesto
Respeto	Primero hay que ganárselo
"Que sea lo que Dios quiera"	**"El límite es el cielo"**

Observa la parte baja de la tabla de "Interdependencia". Esas palabras son muy familiares para los latinos. Son un lastre. Las utilizamos a menudo, especialmente "vergüenza". De hecho, la utilizamos tanto que no la oímos; sólo una persona que esté aprendiendo español se dará cuenta, especialmente si se pone a escuchar una conversación.

Mi esposa, Kathy, tiene una curiosa experiencia sobre esto. Ella es una mujer anglo nacida en el sur, en Alabama. Vino a San Antonio cuando tenía 15 años. Nunca había visto a un mexicano en la vida real. Cuando los descubrió se quedó fascinada por su acento y su piel oscura. Pasaba mucho tiempo cerca de familias mexicanas. Una vez que fue a casa de una amiga, la familia de ésta empezó a hablar en español. Kathy quería saber qué estaban diciendo, y le preguntó a su amiga: "¿Qué es esa palabra que usa todo el mundo?: '¡Qué vergüenza! ¡No tiene vergüenza! ¡Sinvergüenza!'".

Casi me caigo cuando me contó la historia. "Ay, Dios mío, la vergüenza está mucho más arraigada en nuestras vidas de lo que yo creía".

¿Podría ser que los conquistadores de hace 500 años martillearan ese sentimiento inútil dentro del subconsciente de nuestros antepasados? ¿Podría ser que incluso los aztecas hubieran inculcado ese mismo sentimiento a sus esclavos para mantenerlos bajo control? Es posible. Lo increíble es que luego de 500 años esa huella sigue sin borrarse. Nos enseñaron un nuevo idioma, una nueva religión y una nueva forma de comportarnos: "Mande usted".

Ahora ya sabes lo que arrastramos.

Piérdelo para siempre.

¡Estás listo para pensar y hacerte rico!

Definición del propósito
—Charles Patrick García

Si has leído el prólogo ya sabes que este libro se basa en la obra de mi héroe, Napoleón Hill, quien se pasó toda su vida aprendiendo de la gente más exitosa del mundo. Luego aunó todos los conocimientos que había adquirido y los condensó en 17 principios claramente definidos para alcanzar el éxito. Hoy en día sus descubrimientos han demostrado ser tan certeros y prácticos que *Think and Grow Rich* y *Napoleon Hill's Key to Success* siguen siendo dos de los libros motivacionales más vendidos de todo el mundo.

¿Y por qué? Porque tienen tanta relevancia como cuando Hill los publicó por primera vez. Decenas de miles de personas han adaptado sus principios y los han seguido hasta llegar más alto de lo que nunca hubieran imaginado. Si quieres tener éxito en la vida, este libro te enseñará cómo.

Una vez que Napoleón Hill identificó los 17 principios de autorrealización personal, los colocó en orden de importancia. Encabezando la lista estaba "Definición del propósito", y por una buena razón. Tras muchos años de entrevistar a las personas más exitosas del mundo, había descubierto que todas ellas habían levantado sus fortunas sobre un pilar común: *tenían un propósito bien definido*.

Las ventajas de tener un propósito bien definido

Todos los 17 principios son importantes. Pero no perdamos de vista que es imposible llegar a primera base sin tener un propósito fundamental definido. Esto es más que un deseo fuerte. Es un *objetivo claro y preciso impulsado por una gran pasión*. Tener un propósito bien definido hace que concentres todas tus energías en conseguir que tu objetivo se convierta en realidad. Hace que mantengas la fe. Cuando crees, te olvidas de tus dudas y temores. Los pensamientos negativos se desvanecen y te acostumbras a pensar de forma optimista.

"Lo que Dios quiera" no es un propósito bien definido. Tampoco lo es "Como lo quiera Dios". Ni "Quiero ser feliz". Esos son deseos. No confundas los deseos con los verdaderos propósitos y los objetivos. Sería como intentar construir una catedral a partir de un boceto dibujado en una servilleta de papel. Tus contratistas cometerían tantas equivocaciones y harían tantos cambios para intentar interpretar tu boceto que nunca podrías estar seguro del resultado. La catedral quizás se acabaría, pero probablemente no sería como tu la querías.

Cómo encontrar tu propósito

¿Cómo descubrimos nuestro propósito fundamental? ¿Es difícil? ¿Le viene fácil a uno? ¿Cómo sabes que lo has encontrado? Veamos una historia de éxito latina que te inspirará y motivará.

Charles Patrick García es autor *de A Message from Garcia: Yes, You Can Succeed,* un éxito de ventas del *Wall Street Journal.* Si nunca has oído hablar de este hombre será mejor que mantengas bien abiertos los oídos y los ojos.

En los años 1990 creó Sterling Financial Investment Group, una compañía de servicios financieros. Y la puso en marcha prácticamente a partir de un armario de limpieza vacío: número de empleados, tres. Cuando escribo este capítulo, en el verano de 2004, su firma, radicada en Florida, tiene 60 oficinas en siete países y unos 400 empleados. Cuenta con una importante base de clientes latinos y ofrece servicios de análisis y asesoría bursátil, banca de inversión y gestión de patrimonios.

El viaje que llevó a García a esta privilegiada posición estuvo repleto de giros y recovecos inesperados. Nacido en Panamá, llegó a Estados Unidos en 1979 para enrolarse en la Academia de la Fuerza Aérea. En la década de los 1980 sirvió como oficial militar en Centroamérica y fue altamente condecorado. Obtuvo un Máster en Administración Pública, disfrutó de una beca de trabajo en la Casa Blanca y estudió en la Facultad de Derecho de la Universidad de Columbia, todo antes de cumplir los 30 años. Y aquí es donde las cosas toman un giro inusual. En 1994, recién graduado de la Facultad de Derecho, tenía ante sí un brillante y prometedor futuro en la abogacía: le habían ofrecido empezar de pasante en la oficina de un juez federal de Florida. Con las maletas preparadas y listo para mudarse de Nueva York a Miami con su esposa y su hija de dos meses, a última hora, Charles García cambió de opinión.

No te equivoques. Él sabía que podía ser un buen hombre de leyes; incluso excelente. Su éxito en la Facultad de Derecho así lo atestiguaba. Pero había algo que no encajaba. La posibilidad de labrarse una carrera en el mundo jurídico no le apasionaba.

Escucha a tu instinto y mantente alerta ante posibles oportunidades

Charles comenzó a hacer caso a su instinto. Sabía que quería algo más, pero todavía no sabía qué. A lo mejor eso es lo que estás sintiendo ahora que lees este libro. Si es así, haz lo que hizo Charles.

Tomó un test de aptitud llamado Myers-Briggs Type Indicator. La prueba le mostró que tenía una tendencia natural a hacer cosas relacionadas con el liderazgo y las nuevas empresas, pero no con el derecho. Este descubrimiento le entusiasmó. La pasión y el deseo, las "ganas", como suele decir el gran educador Jaime Escalante, volvieron a su corazón.

"Podía haber sido un buen abogado", explica García, "pero 'bueno', no es suficiente. Para llegar realmente al éxito hay que seguir lo que dicta el corazón. Uno puede ganarse la vida, incluso ganársela bien, haciendo lo que se espera de él. Pero no se pueden adquirir grandes riquezas sin tener una pasión realmente profunda y ferviente, sin tener un propósito verdaderamente definido".

La decisión estaba clara. Se guiaría por su propia pasión, no por las expectativas de los demás. De modo que dejó de lado el derecho y entró en el mundo de los negocios. Cuando comentó la decisión con su familia, su suegro, Seymour Holtzman, le sugirió que trabajase y que aprendiese con él durante unos cuantos años para ganar experiencia. Holtzman era un brillante hombre de negocios hecho a sí mismo que había levantado y dirigido con éxito varias compañías. García sabía que tenía que aprovechar esta oportunidad. Y así, Holtzman se convirtió en su mentor.

Recibe buenos consejos y encuentra buenos mentores

"Mi padre fue el primero en hablarme de lo que significan los mentores", escribe García en su libro. El mentor del padre de Charles había sido el Dr. Charles Huffnagel, un magnífico cirujano del corazón que trató a los presidentes Eisenhower y Kennedy. "Tener un mentor es una buena manera de averiguar si una carrera es tan glamorosa de cerca como se ve de lejos. Esa fue una de las lecciones que aprendí", dice Charles. Y continúa: "Tener un mentor te permite adquirir una experiencia de primera mano en el terreno que te apasiona. Te sirve para ver de cerca lo bueno, lo malo y lo feo. Te ayuda a separar las ilusiones de la realidad. Te da una oportunidad de evaluar tu decisión".

Aparte de su suegro, Charles tuvo otros mentores, como John Galvin, un general de cuatro estrellas que más tarde sería comandante aliado supremo de la OTAN. "Una de las lecciones más importantes que aprendí del general Galvin fue que, para cada problema, hay que pensar en al menos tres soluciones y luego elegir una de las tres", apunta García. "De ese modo te aseguras de que no te agarrarás a la primera solución que te venga a la cabeza".

Este consejo puede serte útil cuando vayas a definir tu propósito fundamental. No tomes la primera idea que te llegue y que parezca interesante. Contempla por lo menos otros dos caminos alternativos que te apasionen y que puedas seguir. Evalúa lo bueno y lo malo de cada opción. Sólo entonces debes hacer tu elección.

Otro mentor de García fue John C. Whitehead, con quien coincidió cuando sirvió en la Casa Blanca. Whitehead le influyó para que se decantara por los servicios financieros, y cuando García fundó Sterling Financial en 1997 puso en práctica lo que había aprendido de él: una cosa llamada "cultura del éxito", un conjunto de principios filosóficos que, en su momento, habían transportado a Goldman Sachs hasta lo más alto de la escalera corporativa de Wall Street.

William Bennett, *zar de la droga* del presidente George H. W. Bush y autor de varios best sellers, también fue mentor de García. "De Bill Bennett aprendí el valor de levantarse de detrás del escritorio y ensuciarse las manos", dice García. Aprendí la importancia de ponerse unas metas altas sin temor a las consecuencias. Incluso aprendí la importancia de equilibrar el trabajo con la diversión. Mis colegas y yo jugamos con él muchos y vibrantes partidos de *touch-football*[2].

---

[2] Versión popular del *football* (rugby o fútbol americano) en la que se permite sólo un limitado contacto físico. (Nota del traductor).

En definitiva, ¿en qué te afecta esto a ti? En que cuando vayas a definir tu propósito fundamental, tómate tiempo para buscar un mentor. O dos. O tres. Trabaja con ellos tan de cerca como sea posible. No esperes a que el mentor te venga a ti. Muévete y sal tú a buscarlo. Te sorprenderá lo receptivos que pueden estar a ayudarte a encontrar tu propósito fundamental.

El poder del subconsciente

García cree que leer historias de personas que creyeron en sí mismas y lograron sus objetivos puede aportar una dosis de inspiración capaz de cambiar nuestras vidas. De hecho, en su libro *A Message from Garcia* relata varias anécdotas que ilustran sus principios y convicciones para alcanzar el éxito.

"Cuando uno lee acerca de hombres y mujeres que triunfan en contra de todo tipo de adversidades, o que consiguen avances extraordinarios, eso te da esperanza", dice. "Piensas: 'si esa persona puede hacerlo, ¿por qué yo no?'. Y es cierto. Es nuestro subconsciente el que está operando ahí. Todos tenemos ese increíble recurso interno a nuestra disposición. El no llegar a él por pereza, apatía o miedo es vergonzoso".

Le pedí a García que me diera algunos ejemplos de personas cuyas experiencias pudieran servir de motivación a los latinos. "Tengo tres ejemplos", contestó. "El primero es el de un latino que ha conseguido alcanzar sus sueños más grandiosos. El segundo es el de un inmigrante que ha triunfado. Y el tercero es el de otra persona no hispana, pero que comparte nuestras esperanzas y nuestros sueños y que empleó una estrategia que cualquier latino puede emular".

Cómo poner en práctica la definición del propósito

Wenceslao Casares es un brillante ejemplo de lo que se llamaría pensamiento valiente y determinación de propósito. Nació en la Patagonia (Argentina) en una familia de rancheros de ovejas. A los 20 años abandonó la universidad para dedicarse a su sueño empresarial: la creación de un sitio web de finanzas personales.

Cuando empezó a buscar dinero para crear su empresa, trabajaba como botones en un hotel. En aquellos tiempos, recaudar capital para una idea tan radical y novedosa como un servicio financiero online suponía un reto muy serio. Internet acababa de nacer, y nadie estaba seguro de si el concepto tendría éxito o no.

A pesar de las dificultades, Wenceslao y su socio Constancio Larguía siguieron perseverando. Nunca bajaron los brazos. Creían en su idea con todo el alma. Siguieron su camino sin importarles cuando las cosas se ponían feas. Les llevó un año conseguir el millón de dólares que necesitaban para empezar a operar. Había llegado la hora de demostrar que su idea era sólida.

Su determinación de propósito obtuvo recompensa. A principios de 2000, a la edad de 26 años, Casares y su socio vendieron el 75% de su empresa al Banco Santander, de España, por ¡unos estimados $580 millones!

Casares tenía una técnica. Todos los años, desde que tenía 17, seguía la costumbre de tomarse un tiempo de reflexión para preguntarse: "Si supiera que me es imposible fracasar, ¿qué meta me pondría?". Solía fantasear, visualizar, dramatizar. Todo era posible. ¿Por qué? ¡Porque hacía ese ejercicio sabiendo que no podía fracasar!

El siguiente paso fue el de escribir cuidadosamente en un papel sus sueños y objetivos. Al hacerlo, cobraban más vida que nunca. Luego fue un poquito más lejos y empezó a esbozar, también sobre el papel, todos los pasos necesarios para alcanzar sus metas. Revisaba el plan frecuentemente, y en enero de cada año repetía el ejercicio.

Uno de sus primeros sueños de joven consistió en construir un barco y navegar alrededor del mundo. Nunca se olvidó de él. El 18 de mayo de 2004 partió de un muelle de Miami para viajar alrededor del mundo en su catamarán de 44 pies de eslora.

Crear un plan

En la contraportada del libro de García viene un elogio de Arnold Schwarzenegger que, en parte, dice: "América es la tierra de las oportunidades. Yo vine a este país con los bolsillos vacíos, la cabeza llena de sueños y ganas de triunfar. A los jóvenes siempre les digo que si creen en si mismos, pueden hacer cualquier cosa".

Si el *sueño americano* consiste en que cada uno se labre su propio destino, Schwarzenegger es el ejemplo perfecto. Él tenía un plan. Todos los objetivos que se planteó, por muy increíbles que fueran, los ha logrado por tener un propósito fundamental bien definido.

Nacido en Austria en 1947, empezó su camino hasta ser campeón de culturismo entrenando en condiciones tan frías que las manos se le congelaban y se le quedaban pegadas a las pesas. Su meta estaba clara: ser el culturista más grande y famoso que jamás hubiera existido. Ganó numerosos trofeos y fue coronado Mr. Universo ¡cinco veces!, una cifra récord. Posteriormente, contó su hazaña en la película *Pumping Iron,* que se ha convertido en un clásico del cine de culto.

Schwarzenegger arribó a Estados Unidos en 1968. Ahora tenía un nuevo propósito fundamental: triunfar en los negocios. Lo logró casi sin pestañear; muy pronto se hizo un nombre como próspero empresario de bienes raíces. Sus dos objetivos siguientes fueron casarse con una mujer de la familia Kennedy y convertirse en estrella del cine.

¡Exagerado! ¡Imposible! ¿Cómo iba a hacerlo? Su inglés era pobre y no tenía experiencia como actor. Su único filme era un documental en el que ni siquiera tuvo que actuar; todo lo que hizo fue levantar pesas y competir en concursos de culturismo mientras la cámara le seguía en su periplo. Para él, esa falta de experiencia no suponía ninguna barrera. ¿Por qué? Porque tenía fe. Tenía un propósito fundamental definido.

Arnold primero concibió y luego creó. Por eso consiguió lo imposible. Se salió con la suya. En 1984, saltó a la fama con la primera película de la saga *Terminator*. Era sólo el primero de muchos éxitos de taquilla que le propulsarían hacia el estrellato en Hollywood. Poco después contrajo matrimonio con una Kennedy, Maria Shriver, una unión que sorprendió a mucha gente, considerando que él es republicano y ella forma parte de la dinastía demócrata más destacada de toda la historia de Estados Unidos. Pero quizás su logro más impresionante llegó en 2003, cuando fue elegido gobernador del estado de California con el apoyo de una cifra récord de votos latinos. De hecho, obtuvo más votos latinos que cualquier otro gobernador republicano en la historia de California.

"Arnold es una demostración fehaciente de que si eres capaz de concebir algo en tu cabeza, puedes alcanzarlo", añade García. "Es una inspiración para cualquier estadounidense de primera generación —bueno, para cualquiera realmente. A mí me sigue inspirando".

El éxito es una meta que merece la pena

Charles D. Kelman, médico, inventor, músico y *showman* murió el 1 de junio de 2004 a la edad de 74 años. Aunque no parezca un candidato típico para ser incluido en este apartado junto con un joven emprendedor del mundo *puntocom* como Casares y con un político importante como Schwarzenegger, García dice que el difunto Kelman ejerció una influencia enorme en su vida y su propia carrera profesional.

"Si hay un mensaje que quiero que la gente entienda, es que

cualquier cosa que uno se proponga lograr está ahí, esperando para ser alcanzada", explica García. "Ese poder existe dentro de tu subconsciente. La clave está en conseguir que tu mente consciente se lo crea y lo acepte".

La historia de Kelman comienza en su niñez, cuando desarrolló un apetito insaciable para ser el centro de atención. Como le encantaba la sensación que le producía hacer feliz a la gente, empezó por ponerse delante de su familia a cantar, a tocar el saxofón y a contar chistes. El padre de Kelman sabía que tenía un hijo muy ingenioso, creativo y artístico, pero pensaba que esos talentos tenían que ponerse al servicio de los demás. Le dijo a su hijo que antes de ser artista o *showman* tenía que hacerse doctor en medicina.

Kelman, como correspondía a aquella época en la que los hijos obedecían a los padres sin oponer resistencia, hizo lo que le decían. Estudió medicina en la Universidad de Ginebra, en Suiza, pero nunca abandonó su primer sueño. Mientras por el día iba a la universidad, por las noches tocaba el saxofón en bares y clubes nocturnos. Luego de graduarse, volvió a Estados Unidos, donde se especializó en oftalmología y cirugía ocular, pero sin olvidarse de su pasión por la música.

Con el tiempo, Kelman se creó una vida para sí mismo en la que combinó ambos caminos. Fue un pionero de la cirugía de cataratas y ganó numerosos premios por sus éxitos como médico. Alcanzó renombre mundial como inventor, con más de 150 patentes a su nombre. Asimismo, fue músico profesional, grabó discos, interpretó en Carnegie Hall, produjo espectáculos de Broadway y actuó como cómico en programas televisivos de gran fama como *The Tonight Show, The David Letterman Show* y *Oprah*.

¿Cómo consiguió Kelman hacer tantas maravillas? Sabía lo importante que era poner sobre el papel sus objetivos y repasarlos varias veces al día.

Una de sus diez metas originales era obtener reconocimiento internacional por un avance importante en el terreno de la medicina. Otra era divertirse y tener éxito con la música. Varias se referían a disfrutar de un matrimonio feliz y con niños, a gozar de seguridad financiera y de salud física excelente. Todo se hizo realidad para él.

"¿Habría conseguido el Dr. Kelman sus metas sin tener un propósito bien definido, sin escribirlas y revisarlas entre tres y seis veces al día? Probablemente, no. Está claro que articular sus objetivos le permitió enfocar en ellos sus pensamientos y sus acciones. Sí, su perseverancia jugó un papel clave, pero sin la acción de ponerlos por escrito no habría tenido la claridad necesaria para impulsar sus objetivos hacia adelante", dice García.

Crear oportunidades

La admiración de García por Charles Kelman no es sólo retórica. La técnica de "ponerlo sobre el papel" que utilizó el médico y que le dio tanto éxito ha pasado a ser una especie de *marca de la casa* de García. En sus discursos y presentaciones —a audiencias con intereses muy variados, desde la educación hasta la problemática latina, pasando por el avance personal y en los negocios— García enfatiza siempre la importancia de escribir y visualizar nuestros sueños.

De hecho, García ha desarrollado un programa de software para formato Web llamado *Success Compass* (Brújula del éxito) que estimula a la gente a soñar todo lo que le gustaría conseguir en su vida. El programa se puede conseguir en www.successisforme.com, y es gratuito para todo aquel que quiera crearse oportunidades activando el inconsciente para transformar los sueños en realidad.

El programa, en primer lugar pone en marcha la imaginación al hacer una pregunta muy sencilla: "¿Qué te gustaría conseguir en tu vida si supieras que es imposible fracasar?". A medida que avanzas, te pide que vayas especificando tus objetivos en diferentes áreas como el bienestar espiritual, la salud y las finanzas. Luego tienes que establecer prioridades entre ellos hasta llegar a tus diez objetivos principales. Para que no se te olviden, *Success Compass* te envía emails recordatorios ¡tres veces al día! Me encanta lo útil que resulta la tecnología para ayudarnos a ser más disciplinados.

"Parece que simplemente el acto de visitar el sitio web le ayuda a la gente a articular y a cristalizar sus objetivos. Luego abres tu email, los ves delante tuyo y vuelves a pensar en ellos y a renovar tu compromiso. Cuando estés realmente comprometido, tomarás decisiones y harás cosas que te conducirán hacia el cumplimiento de esos sueños. Es un principio extremadamente sencillo. Lo increíble es que haya tan poca gente que lo adopte", dice García.

Esa, amigo mío, es la mayor tragedia. Si te acomodas a lo ordinario, eso es exactamente lo que tendrás. La mayoría de las personas se conforma con menos de lo que es capaz de alcanzar. Ello se debe a que no se toman el tiempo necesario para fijar sus objetivos o para crear un propósito bien definido. Dejan su futuro al azar. Ponen excusas. Se dejan llevar por la pereza. No actúan con valentía. No es un problema sólo de los latinos. Afecta al 95% de la población mundial. Yo creo que tú eres parte de ese 5% que se fija unas metas altas. No sólo eso, sino que yo creo que conseguirás lo que te propones. ¿Por qué? Porque estás leyendo este libro. ¡Este es el primer paso para alcanzar el éxito!

Napoleón Hill nos enseñó que nuestro recurso natural más preciado no son nuestros bosques ni nuestros depósitos minerales, sino el poder de nuestra mente. Nos enseñó que si podemos concebir y tenemos fe, podemos lograr lo que deseemos. ¡Es cierto! Charles García lo sabe. Yo lo sé. Y también lo saben las miles de personas de todo el mundo que han tenido éxitos increíbles siguiendo las enseñanzas de Napoleón Hill. Tú puedes empezar hoy mismo definiendo tu propósito fundamental.

La alianza de mentes maestras

Cuando tenía 23 años creía que podía hacerlo todo por mí mismo. Pensaba que no necesitaba la ayuda de nadie. A lo mejor había seguido el consejo de mi madre demasiado al pie de la letra. Ella siempre decía: "Lionel, serás capaz de hacer todo lo que tú te propongas". Debo haberlo escuchado un millón de veces.

Para mí, el mensaje estaba bien claro: "Todo lo que *tú…*", no "todo lo que *tú y varias otras personas* quieran hacer". El ejemplo que me daba mi padre recalcaba ese punto. Dirigía su negocio de tintorería prácticamente por sí solo. Trabajaba 12 horas al día, seis días a la semana, y nunca tomaba vacaciones. Cuando le hacía falta ayuda, contrataba a trabajadores temporales por el periodo necesario.

Hasta ese momento, las cosas me habían ido bien siguiendo el consejo de mamá y el ejemplo de papá. En la escuela secundaria mis calificaciones habían sido buenas, a veces incluso todo "As". Me había graduado como teniente coronel del ROTC y como encargado de mi clase de arte comercial. En mi primer empleo ya había logrado un aumento de sueldo y me habían felicitado por mi trabajo. Y todo lo había hecho por mí mismo. Ni siquiera me entraba en la cabeza la posibilidad de necesitarme de alguien más para triunfar en la vida.

Pero todo eso estaba a punto de cambiar.

La primera vez que la alianza de mentes maestras llegó a mi *pantalla de radar* fue cuando me inscribí en un curso de Napoleón Hill titulado *The Science of Personal Achievement* (La Ciencia del Éxito Personal), impartido en San Antonio por Sally Pond. Allí vimos una película en la que Hill describía este importante principio: "La alianza de mentes maestras se construye con dos o tres personas trabajando en colaboración y en *perfecta armonía* en busca de un objetivo común. Este concepto te permite utilizar los talentos, la experiencia, el conocimiento y la formación de la gente con la que trabajas para ayudarte a conseguir tu meta. La energía combinada transforma las convicciones en realidad".

Después de clase, hice un aparte con Sally. "¿De qué está hablando? Esto no tiene nada que ver conmigo. Yo puedo alcanzar mis metas por mí mismo. Siempre lo he hecho". Sally habló con mucha suavidad. "Da un paso atrás y escucha", me dijo. "Abre tu mente. ¿Estás en este curso para aprender, no?"

"De acuerdo, lo intentaré".

Comencé a sacar de mi cabeza mis viejas creencias tanto como podía para abrir espacio a esta nueva forma de pensar. No fue fácil. Cuando finalmente lo comprendí, todo se hizo muy nítido. Reconstruí todos los acontecimientos importantes de mi vida y pronto me di cuenta de mi error. ¿No había andado bien en la escuela y en el trabajo haciéndolo todo yo sólo? Yo pensaba que era así. Pero lo cierto es que mis padres, mis maestros, mis compañeros, la familia y mis colegas en el trabajo habían estado siempre allí, animándome y guiándome. Ocurre que yo nunca me detuve un momento para tomar conciencia de ello. Sin su ayuda no habría habido "As" en la escuela ni éxito en mi trabajo.

Mi mente se abrió. Acepté la verdad y me convertí en creyente.

Te urjo a que hagas lo mismo. Hazte creyente. Tan pronto como lo haces, comienza a surgir la magia alrededor tuyo. Se abren nuevas puertas a cada paso. Ya no tendrás que leer el horóscopo o las galletitas de la fortuna para que tu futuro se llene de éxito, felicidad y autorrealización. Cuando lo hagas, estarás escribiendo tu propio destino.

No hay nadie, vivo o muerto, que haya logrado grandes éxitos sin la ayuda de otros. Todos los latinos que aparecen en este libro te dirán lo mismo.

La mundialmente conocida Sandra Cisneros no llegó a ser una escritora de primer nivel por sí sola, aunque sea ella la que escribe sus libros. Necesita a su agente literario, a su editora y la inspiración que recibe de sus muchos lectores. Necesita las memorias de sus experiencias para animarla a escribir y a sus mascotas para reconfortarla.

Moctesuma Esparza, el productor de películas magníficas como *The Milagro Bean Field War, Selena, Gettysburg* y *Gods and Generals,* entre otras muchas, no puede poner sus filmes en las pantallas por sí solo. Necesita expertos financieros, grandes actores, directores, operadores de set, distribuidores y salas para mostrarlos.

Bill Richardson, el gobernador latino de Nuevo México y antiguo representante de Estados Unidos ante las Naciones Unidas, nunca habría ganado las elecciones a gobernador sin un equipo excelente, una familia que lo apoya, los voluntarios que trabajaron en la campaña y, por supuesto, sus electores.

Al igual que ellos, tu también necesitas crear una alianza de mentes maestras para conseguir el verdadero éxito. Solo no lo lograrás, por mucho que te esfuerces.

Cómo crear la alianza de mentes maestras

Napoleón Hill equipara la alianza de mentes maestras a la experta tripulación de un tren. En nuestra época, lo vemos mejor con los aviones. Tú eres el piloto. Tienes el poder de llevar el avión a su destino porque los demás miembros de la tripulación reconocen y respetan tu autoridad. Porque todos saben exactamente adónde te diriges, y porque ellos también quieren llegar allá. Y cuanto más gocen todos del viaje, mejor marchará el avión.

El piloto de una alianza maestra tiene varios trabajos. El primero es saber exactamente el destino del avión y el momento en que debe llegar allí. Posteriormente, él o ella tiene que dar a la tripulación unas instrucciones claras y sin margen de error. Cada miembro del equipo tiene que estar de acuerdo en el destino y en la hora de llegada. Y lo más importante es que todos ellos deben estar preparados y ser capaces de desempeñar el trabajo que tienen asignado.

El concepto de la alianza de mentes maestras funcionó perfectamente cuando Ernest Bromley, Al Aguilar y yo creamos Sosa and Associates, una agencia de publicidad que se ha convertido en la agencia hispana de publicidad más grande de Estados Unidos. (Ahora se llama Bromley Communications y sigue siendo la número uno). Nuestro objetivo estaba claro como el agua: ser la más grande y la mejor agencia hispana de publicidad de todo el país. Creíamos en él con todo nuestro corazón. Nuestra convicción estaba basada en hechos. En 1980, el mundo de la publicidad para el mercado hispano crecía cinco veces más rápidamente que la publicidad para el *mainstream*. Teníamos sólo seis competidores en todo el país. Y lo mejor era que había docenas de compañías del índice Fortune 500 con enormes presupuestos de publicidad dispuestas a explorar este incipiente mercado. "Es imposible que fracasemos", pensamos. "Todo lo que tenemos que hacer es trabajar duro y con inteligencia para lograrlo".

Los tres estábamos entusiasmados ante esta oportunidad. De hecho nos comprometimos a ser los más grandes y los mejores. Nuestras mentes lo concibieron así. Teníamos esa convicción. Había llegado el momento de hacerlo.

La máxima de Napoleón Hill ("Tú puedes conseguir cualquier

cosa que tu mente sea capaz de concebir y creer") se había convertido en mi máxima también. Al formar la alianza de mentes maestras comprendí que me había apropiado de la mente de Hill. De alguna forma muy real, él formaba parte de la alianza tanto como Sosa, Bromley y Aguilar.

En una servilleta de papel diseñé un plan con importantes incentivos para los tres. Las ganancias se compartirían. Habría promociones. Ernest y Al pasarían a ser propietarios cuando cumpliéramos los objetivos de ganancias proyectados. Sus nombres se añadirían al nombre de la agencia al llegar a ser una de las cinco más importantes de Estados Unidos. La idea era vender el 49% de nuestras acciones a una prestigiosa firma mundial en cuanto lográramos nuestro objetivo de ser los primeros. De esa manera, pasaríamos a formar parte de una red global en la que trabaja la gente con más talento de este negocio. Mi meta personal era retirarme a los 55 años con mis necesidades económicas cubiertas de por vida. Cuando elaboramos el plan, yo tenía 45 años. Acabábamos de dar a luz un proyecto para los próximos diez años. En una servilleta de papel.

¡Lo conseguimos en cinco!

Lo logramos porque tuvimos fe. Trabajamos largas horas todos los días, muchas veces durante los fines de semana. Siempre nos tomamos el tiempo necesario para pensar bien las cosas. Nos apoyamos en nuestras mejores virtudes y sorteamos nuestros defectos. Por ejemplo, los tres teníamos nuestras propias ideas y opiniones sobre todo. Era un punto fuerte, pero también algo que nos debilitaba como equipo. Cada uno estaba convencido de que su idea era la mejor en todos los temas, especialmente Al y yo. Sabíamos que eso podía convertirse en un problema serio, así que hicimos un pacto: dividimos las responsabilidades. Ernest se encargaría de dirigir las operaciones de la agencia, de los medios de comunicación y del análisis. Al dirigiría los servicios a los clientes y organizaría todo lo relativo al posicionamiento de la agencia y a las presentaciones de nuevos negocios. Yo estaría a la cabeza del equipo creativo y sería la imagen visible de la firma.

La decisión de separar las tareas fue crucial. Proporcionó estabilidad y dirección al proyecto, evitó que nos volviéramos locos y que volviéramos locos a los demás. Cuando uno de nosotros tenía una idea, la compartía con los otros dos sin importar lo absurda que pudiera parecer. Teníamos libertad para dar consejo y asesorar a los otros "departamentos". Pero sólo la persona a cargo de esa sección podía tomar la decisión definitiva. Una vez tomada, los tres la apoyábamos totalmente y la llevábamos a cabo.

Un sábado al mes nos juntábamos los tres en la casa de uno de nosotros para revisar y refinar el plan. Las reuniones duraban unas tres horas y eran muy informales. El propósito era no perder nunca de vista el plan. Los lunes por la mañana, nos reuníamos con el resto de la agencia para compartir nuestros planes y nuestros logros. Como crecíamos tan rápido, llegó un momento en que tuvimos que desplazarnos al salón de un hotel al otro lado de la calle para celebrar los encuentros.

Cuando me retiré y dejé la agencia, Ernest Bromley ocupó mi puesto como presidente ejecutivo. Acordamos que la firma adoptase un nuevo nombre, y así nació Bromley, Aguilar and Associates. A partir de ese momento le correspondería al Sr. Bromley crear una nueva alianza de mentes maestras para elevar la agencia al siguiente nivel. Había que desarrollar una nueva química; surgirían nuevas responsabilidades a compartir; habría que proponerse nuevas metas. Todo eso llevaba tiempo, ya que las personas clave de la firma tenían que reconsiderar sus propios futuros. Al Aguilar se fue para crear su propia agencia y su propia alianza de mentes maestras con su esposa, Gisela. Adrienne Pulido, la directora de operaciones, también nos dejó para establecer su propia consultoría y creó una alianza de mentes maestras con su esposo, Don. Para Ernest, la formación de una nueva alianza iba a ser mucho más complicada que la primera vez. Bromley Communications era ahora parte de Publicis, una gigantesca multinacional francesa. La nueva alianza de mentes maestras de Ernest debería tener en cuenta a los ejecutivos franceses y a los directivos de las otras oficinas diseminadas por todo el mundo.

Mientras tanto, Bromley había adquirido una agencia de Miami con oficinas en Dallas y Los Angeles. El jerárquico estilo de gestión de la agencia de Miami, más propio de América Latina, era completamente diferente a la forma abierta e integradora de dirigir de Ernest. Había que lograr que los nuevos ejecutivos, ubicados en ciudades dispersas y con experiencias y estilos de gestión dispares, funcionasen como una compañía coordinada y unificada. Como un único equipo de dirección. Como una única alianza de mentes maestras. El reto era importante. Por supuesto, Ernest Bromley fue capaz de conquistarlo. Para ello creó una nueva alianza apoyándose en sus mejores virtudes.

Hacía muchos años que yo había descubierto algo. Aunque fui yo quién creó Sosa and Associates, realmente era Ernest quien mantenía la firma unida. Ernest es un líder natural. Combina los mejores atributos de un socio, de un profesional, de un jefe y de un ser humano. Dicho esto, su virtud más apreciable es su capacidad para generar una buena relación de trabajo en equipo. La gente confía en él. ¿Y por qué confía en él? Primero, porque es un buen publicista: conoce el negocio y no comete muchos errores. También porque es justo, consistente y tranquilo. Es optimista, nunca se pone nervioso. Incluso en los momentos más caóticos tiene la facultad de transmitir la sensación de que todo va a ir bien. Es el *Sr. Calma*.

Hace poco, tuvo que defender ante las autoridades municipales un contrato muy importante y prestigioso, el del Bureau de Convenciones y Congresos de San Antonio. Yo le llamé para preguntarle si había algo en lo que podía ayudarle, y me pidió que hiciera un par de llamadas de su parte. La presentación iba a ser especialmente difícil porque el equipo municipal había recomendado otra agencia en lugar de Bromley. Quedamos para almorzar al día siguiente, así que le dije: "Espero que mañana podamos celebrarlo con champaña". "Lo mismo digo", respondió. "Y si no, nos consolaremos con un par de cervezas". La cuenta era extremadamente importante para él y para la agencia, pero no se lo tomaba como si fuera cosa de vida o muerte. Mantuvo la calma y la confianza durante todo el proceso de selección a pesar de que sabía que iba en segundo lugar.

Cuando finalmente se llevó a cabo la votación, el consejo de gobierno desoyó la recomendación del *staff* municipal y Bromley fue reelegida por un voto de diferencia, asegurándose un contrato de siete años de duración y $50 millones. En la comida del día siguiente sí hubo champaña.

No todas las alianzas de mentes maestras funcionan tan bien como el ejemplo de Sosa, Bromley y Aguilar. Algunas funcionan aún mejor y consiguen metas mucho mayores. El ejemplo más evidente es el de Bill Gates, Paul Allen y Steve Ballmer. Aunque estos hombres dieron sus primeros pasos en los garajes de sus padres, acabaron levantando una compañía que transformó nuestra forma de trabajar, aprender y vivir: Microsoft. Esta compañía ha simplificado nuestras vidas y ha permitido que tengamos acceso a la información mucho más rápidamente. A lo largo de este proceso, Gates se ha convertido en el hombre más rico del mundo, y Allen en el cuarto de esa lista. (Dicho sea de paso, en sólo 12 segundos de navegar por la Red puede averiguar que Allen es el cuarto. Hace diez años habría necesitado un viaje a la biblioteca, tres horas de mi tiempo, $3.75 en gasolina y unos $22 en uso y desgaste de mi automóvil).

La alianza de mentes también funcionó en su caso porque Gates, Ballmer y Allen tenían un objetivo común: poner la computadora personal al alcance de todos y facilitar el acceso a Internet a cualquiera que lo deseara. Asimismo, tuvieron la inteligencia suficiente para asignarse funciones diferentes y confiar en que cada uno las ejecutaría impecablemente. Acordaron también un sistema para motivar y recompensar a sus empleados. ¡Desde entonces, la alianza de Microsoft ha creado alrededor de 10,000 millonarios! No es un mal ejemplo de cómo puede funcionar una alianza de mentes maestras. Posiblemente sea el caso más conocido en todo el mundo.

Las alianzas de mentes maestras no se limitan al mundo de los negocios. En la política encontramos multitud de ejemplos. Bill y Hillary Clinton han sorteado avalanchas políticas y personales que habrían enterrado a la mayoría de las personas, incluso a las más astutas. A pesar de eso, cuando escribo este libro, los dos siguen siendo multimillonarios populares, incluso admirados, que podrían llegar a convertirse en el primer marido y mujer que sirven como presidentes de Estados Unidos.

Mi favorita es la familia Bush. Yo los cuento entre mis amigos, pero también son mis héroes. Con su ejemplo de servicio público han levantado una dinastía política que yo pronostico que estará entre las más grandes y duraderas de la historia de Estados Unidos. Su objetivo común no es el beneficio personal, sino el servicio personal. Bien se hable con George H.W., con Barbara, con George W., con Laura, Jeb o Columba, o incluso con el hijo de estos últimos, George P. Bush, en todos ellos se percibe el mismo sentido del compromiso con el deber y con su país. Un compromiso que se apoya en su propia alianza de mentes maestras con una filosofía compartida: servir a los demás es lo que hace que la vida pública en la política merezca la pena.

En el mundo de los deportes, Tiger Woods y sus progenitores también forman una alianza de mentes maestras. Tiger es quien le pega a la bola, pero sin su madre y su padre de ninguna manera habría llegado a la cumbre de su deporte. Lo mismo se puede decir de Venus y Serena Williams. En todos sus partidos se puede ver en la grada a uno o a ambos de sus progenitores animando o sufriendo con cada golpe que propinan sus hijas a la pelota de tenis. Como Tiger, ellas también son campeonas, pero sólo porque decidieron llegar a serlo dentro de una alianza de mentes maestras.

Hay grupos musicales y cantantes individuales que vienen y

van. Los que permanecen son aquellos que construyen una verdadera alianza de mentes. Los Rolling Stones siguen haciendo giras y llenando estadios luego de 45 años en el candelero. Willie Nelson vuelve a salir a la carretera, mejor dicho, sigue en la carretera 55 años después. Tony Bennett es otro ejemplo. Todos ellos te dirán que nunca habrían hecho lo que han hecho por sí solos.

Pero, ¿y los latinos? Hay muchos ejemplos. Julio Iglesias es el artista más popular en ventas (más de 250 millones de discos vendidos en todo el mundo). Sus hijos Enrique y Julio Jr. siguen la tradición paterna de romper corazones con su música, como lo hizo su padre hace más de 30 años y sigue haciéndolo todavía. La música de Carlos Santana ha encontrado una nueva generación de fans que les han devuelto, a él y a su banda, la popularidad que tenían en los 1970. La estrella de Gloria Estefan brilla más que nunca después de más de 25 años de grabar en inglés y en español. Su esposo, Emilio, es su productor y su admirador número uno. Su alianza de mentes maestras incluye al mejor equipo posible de músicos profesionales, abogados y expertos financieros.

La generación actual de personalidades latinas tiene grandes probabilidades de gozar de unas carreras largas y triunfales. Andy García no se detuvo con *El padrino III*. Salma Hayek seguirá produciendo, dirigiendo e interpretando en muchos más filmes de éxito después de *Frida*. Penélope Cruz, Jennifer López, Jimmy Smits, James Edward Olmos y Alfred Molina son sólo unos cuantos ejemplos de los muchos artistas que tienen potencial para convertirse en leyendas. ¿Por qué? Porque todos ellos entienden que no han llegado al éxito solos. Saben también que no se podrán mantener arriba por sí mismos. Sin la ayuda de los familiares, amigos y colaboradores que constituyen su alianza de mentes maestras todas esas estrellas se apagarían.

A medida que empiezas a formar tu propia alianza, recuerda esto. Tómate un tiempo *al principio* para pensar en todas aquellas personas que necesitarás para ayudarte a conseguir tu objetivo.

Piensa en sus talentos, en sus personalidades. ¿Son optimistas o pesimistas? No quieres pesimistas; suelen buscar problemas, no soluciones. ¿Tienen sentido del humor? Si lo tienen, ayuda mucho. El humor diluye la tensión en las situaciones estresantes o frenéticas. La gente tranquila es eficiente. La gente histérica tiende a hacer las cosas más complicadas de lo que realmente son. Esas cualidades personales son esenciales a la hora de trabajar para el éxito.

Piensa también en esto: ¿Están realmente de acuerdo con tu meta? ¿Tienen ideas que pueden mejorar o clarificar tu objetivo? ¿Son jugadores de equipo? ¿Comparten tus valores? ¿Realmente te gustan y los respetas como personas y como profesionales? ¿Creen en tu propósito con tanta convicción que trabajarán con tanta fuerza como tú para llevarlo a la realidad? No es preciso que todo tu grupo de apoyo se forme al mismo tiempo. De hecho, la mayoría de las alianzas comienza con dos personas y luego crece a partir de ahí. Tampoco tengas miedo de hacer cambios si ves que el equipo no funciona. Como decía Napoleón Hill, la armonía es la clave. Sea cual sea tu edad, 23 años, como cuando se me abrieron a mí los ojos, o 93, cuanto antes pongas en marcha la alianza de mentes maestras, mejor.

Revisemos los puntos básicos para formar una alianza de mentes maestras:

- Asegúrate de que todos y cada uno de sus componentes buscan el mismo objetivo y que trabajarán tanto como tú para cumplirlo. Escribe tu objetivo en un papel. Que lo firmen todos. Reléelo al menos una vez al día.
- Lleguen a un acuerdo para que cada miembro de la alianza se ocupe de una parte distinta del negocio. Pon a cada persona en el puesto que mejor encaje con su talento y su pasión. La superposición de responsabilidades conduce a problemas.

- Cuando estén en desacuerdo, y lo estarán a veces, acepten la decisión de la personas responsable de ese área y apóyenla al 110% para que tenga éxito. Nunca intentes sabotear una idea que no es tuya. Los demás se darán cuenta e intentarán sabotear las tuyas. La alianza se desmoronará.
- Reúnanse con frecuencia, formal o informalmente, para repasar cómo van las cosas. Una reunión diaria no es demasiado. Comunícate con libertad y sin miedo. Fomenta la confianza dando confianza a los demás.
- Trabaja más duro que los otros miembros del equipo. Nunca les decepciones. Mantén siempre tu palabra. Las mejores sociedades son aquellas en las que todos los miembros están convencidos de que los otros componentes del grupo contribuyen más que ellos mismos.
- Cree en ti mismo y en el grupo. Pero si llega la hora de que uno de tus compañeros decide salir e irse a buscar otras metas, no pasa nada. La gente cambia, y lo mismo las alianzas. A veces, un cambio apropiado sólo mejora las cosas.

Un último consejo: si alguien te dice alguna vez que "puedes conseguir cualquier cosa que te propongas", recuerda que lo que realmente quiere decir es que "puedes conseguir cualquier cosa que tú y tu alianza de mentes maestras se propongan".

Una personalidad atractiva —Adrienne Pulido

Cuando conocí los 17 principios para el éxito personal de Napoleón Hill me sorprendió ver que la personalidad atractiva era el tercero más importante. Sin embargo, es así. También me chocó aprender que una personalidad agradable tiene 25 cualidades. Pensé que eran demasiadas, hasta que eché un vistazo más de cerca y lo comprendí. Muchas de estas cualidades están íntimamente relacionadas. El Sr. Hill las enumera así:

1. Actitud mental positiva
2. Flexibilidad
3. Sinceridad de propósito
4. Rapidez de decisión
5. Cortesía
6. Tacto
7. Tono de voz
8. El hábito de sonreír
9. La expresión facial

10. Tolerancia
11. Franqueza en la manera de comportarse y hablar
12. Agudo sentido del humor
13. Fe en la inteligencia infinita
14. Profundo sentido de la justicia
15. Uso apropiado de las palabras
16. Hablar con eficacia
17. Control emocional
18. Atención a los intereses
19. Versatilidad
20. Aprecio por la gente
21. Humildad
22. Saber mostrarse de manera efectiva
23. Confianza y deportividad
24. Un buen apretón de manos
25. Magnetismo personal

Kathy, mi esposa, y yo tenemos la suerte de conocer bien a George W. Bush. Hemos formado parte de su equipo de publicidad en tres elecciones sucesivas. *Dubya,* como le llaman la mayoría de los texanos, es un líder natural. Cuando te encuentras con él y te da la mano parece que es el vecino de la casa de al lado. Bastan unos cuantos minutos de conversación para percibir el magnetismo personal que desprende. Es capaz de convencerte de que le sigas a cualquier sitio. Tiene perfecta conciencia de su habilidad como líder, y, a pesar de eso, todos los días intenta mejorarse a sí mismo.

Una de mis colegas, Adrienne Pulido, tiene muchas de esas cualidades. Aunque no levanta más de cinco pies del suelo subida a sus zapatos de tacón alto, Adrienne tiene el don de cautivar tanto a quienes trabajan con ella como a sus clientes. Sus exposiciones son cristalinas, excelentemente preparadas y presentadas con una habilidad y una confianza merecedoras de un Oscar.

Adrienne llegó a Sosa and Associates a la tierna edad de 21 años, recién salida de la universidad, para trabajar como ayudante de investigación. En su primer día en la oficina, mi socio Al Aguilar le pidió que le acompañara esa tarde a un grupo de enfoque. Un grupo de enfoque es una sesión con diez o 12 personas a las que se les entrevista conjuntamente para que den sus opiniones sobre diferentes productos y servicios. Aquella consulta en concreto iba a versar sobre una campaña de radio que estábamos preparando para Burger King.

Al día siguiente, le pregunté a Adrienne cómo había ido. "¡Fantástico! Aprendí un montón. Pero, la verdad, esas cuñas de radio que pusimos para que escucharan no son muy buenas", dijo.

"¿Tanto las odió el grupo?", pregunté. "Bueno, no", sonrió, "pero creo que estaban un poco aburridos; podrían ser mejores". Y procedió a darme varias sugerencias para mejorar los anuncios.

En dos minutos, al segundo día de trabajo, Adrienne me demostró las 25 cualidades de una personalidad atractiva. Primero, tenía una actitud mental positiva para todo. Tomaba decisiones rápidamente. Era educada y tenía tacto. Era franca al hablar. Utilizó el humor con lo de "aburridos" (me lo dijo en español aunque hablamos en inglés). Empleó las palabras apropiadas a pesar de que estaba criticando algo con severidad. Su forma de hablar era efectiva, eso seguro. Mantuvo un control total de sus emociones. Estaba alerta e interesada en el proyecto. Mostró que le gusta la gente. Fue sutilmente humilde al decírmelo. Y, sin ningún género de dudas, demostró una buena deportividad y magnetismo personal al concluir la conversación con un apretón de manos firme y sincero. "Gracias por la oportunidad. ¡Esto va a ser muy divertido!".

Al no podía creer lo que acababa de ver. "Tenemos a una ganadora en nuestras manos", dijo. Adrienne era una ganadora. Al cabo de dos años, estaba ya al mando de nuestro departamento de investigación, y en unos pocos más dirigiría la agencia como vicepresidenta y directora de operaciones.

Actualmente, Adrienne es propietaria de su propia consultoría y disfruta de una vida en la que combina cuidadosamente su papel como profesional, madre de dos hijos y esposa de un hombre muy paciente, Don, quien la apoya totalmente. Su firma opera en Estados Unidos y en América Latina, asesorando a empresas de todos los tamaños sobre las tendencias futuras del mercado, especialmente en el segmento de consumo hispano.

Actitud mental positiva

Tener una actitud mental positiva es el aspecto más importante de una personalidad atractiva. Implica ver el futuro con optimismo, con la sensación de que todo va a ir bien, incluso si las cosas pintan mal.

La primera vez que me senté a hablar con George W. Bush sobre la estrategia a seguir en su campaña para la reelección a gobernador de Texas, le pregunté que se describiera a sí mismo como líder. "Soy un optimista. Mi actitud siempre es positiva. ¿Sabes por qué?", preguntó. No esperó a mi respuesta. "Porque eso es lo que la gente espera de un líder. ¿Cuántos crees que me seguirían si fuera un pesimista? No muchos. Un líder tiene que tener una actitud mental positiva en todo momento".

Parece muy sencillo, pero así es *Dubya*. Le gusta que las cosas sean sencillas y fáciles de entender. Y tanto si estás de acuerdo con él como si no, casi es posible sentir la actitud mental positiva que él pone sobre la mesa.

Jimmy Carter fue otro buen presidente. Ganó sus primeras elecciones debido a su sonrisa positiva y segura y a su optimismo ante el futuro. Aquello suponía un contraste radical con lo que ofrecía Gerald Ford, a quien se vinculaba con Richard Nixon y el escándalo *Watergate*. Cuatro años más tarde, Carter perdió la reelección porque había cambiado. Su brillante sonrisa se había convertido en una mirada preocupada y sombría. En uno de sus discursos se refirió a la "enfermedad" que él pensaba que aquejaba a Estados Unidos. Los votantes captaron ese pesimismo y se decantaron por un nuevo presidente, Ronald Reagan, un hombre con una sonrisa mucho mayor y una actitud mental más positiva.

Recuerda que si no tienes una actitud mental positiva no tendrás la atractiva personalidad de un líder ganador.

Flexibilidad

Tener un propósito bien definido no quiere decir que no puedas hacer ningún cambio en tu plan. Al mismo tiempo que guardas un objetivo claro, es importante mantener la flexibilidad. Puede que te surja una idea mejor o que tengas que variar de táctica porque la competencia se ha hecho más dura. O porque llovió el día que tenías preparada la fiesta en el jardín.

Hace algunos años, nuestra agencia de publicidad tenía previsto hacer una importante presentación en Washington, D.C. Era ante un senador, nuestra primera cuenta política realmente significativa. Conseguirla significaba entrar a competir con las firmas más grandes, o sea, *ponernos en el mapa*. Nos esforzamos como nunca lo habíamos hecho para estar listos. Compusimos los guiones visuales para la campaña de televisión, redactamos los avisos que se emitirían por radio y diseñamos las vallas publicitarias. Lo ensayamos todo durante tres semanas; incluso memorizamos nuestras exposiciones. Hicimos dos pruebas generales y comprobamos hasta el último detalle todos los aparatos que íbamos a emplear.

El día de la presentación optamos por no correr ningún riesgo y llegamos al aeropuerto a las 6 a.m., dos horas antes de lo habitual. Teníamos un vuelo de cinco horas desde San Antonio, vía Houston, hasta la capital del país. Todos los materiales de la presentación (ocho cajas) pasaron por el mostrador de facturación con tiempo más que suficiente. Aterrizamos en Washington puntualmente. Pero nuestras cajas no llegaron. El pánico se apoderó de nosotros. ¿Y ahora qué?

Aguantamos en el aeropuerto tanto tiempo como fue posible con la esperanza de que la aerolínea las localizara. Pero no pudo ser. Finalmente, cuando ya casi no quedaba tiempo, tomamos un taxi y nos fuimos a la reunión. Estábamos muy nerviosos, pero a medida que nos aproximábamos a la oficina del senador nos invadió una sensación de calma. "Tendremos que hacerlo lo mejor que podamos", nos dijimos. "No nos queda otra opción".

Hicimos la presentación sin ningún respaldo técnico. ¡Acabó siendo la mejor de nuestra vida! El no tener nada en que apoyarnos nos proporcionó una energía especial que tanto el senador John Tower como su equipo de 20 personas podían sentir. Conseguimos el contrato. Estábamos en marcha. Nunca olvidaré las lecciones que aprendí ese día:

1. No perder de vista el objetivo.
2. Mantener una actitud mental positiva.
3. Ser flexible; la situación puede cambiar.

Dicho sea de paso, Tower ganó la reelección ese año. Nuestros anuncios marcaron la diferencia. Y nuestra reputación como consultores políticos de primer nivel quedó solidificada.

Sinceridad de propósito

Es imposible simularlo. O eres sincero en la definición de tu propósito o no lo eres. La insinceridad se nota. Nunca te engañes sobre eso. Tienes que estar más preocupado por tu cliente y su éxito que por los honorarios que te está pagando o el prestigio que ese trabajo te puede reportar.

Adrienne Pulido es un ejemplo perfecto de lo que significa tener sinceridad de propósito. Acepta un proyecto porque eso es lo que quiere hacer, no porque tenga que hacerlo. Nunca habla del dinero primero, aunque sus clientes están encantados de pagarle muy bien. Las preguntas que se hace son: ¿Gozaré trabajando con esta persona? ¿Disfrutaré vendiendo el producto de mi cliente? ¿Voy a hacer todo lo posible por hacer que mi cliente tenga éxito? ¿Estará encantado mi cliente con lo que yo haga? ¿Gastaré el dinero de mi cliente como si fuera el mío? Si la respuesta es "sí" a todas, es cuando Adrienne acepta el proyecto.

La sinceridad sale de dentro, no tiene receta. Si sigues este principio, serás honesto contigo mismo. Te encantará lo que haces, tu sinceridad saldrá con naturalidad y tu personalidad será aún más atractiva de lo que ya lo es.

Rapidez de decisión

Hay pocas cosas menos atractivas que una persona a la que le cuesta decidirse. Las personas que no deciden con rapidez no suelen ser efectivas cumpliendo plazos; ni promesas. Suelen fallar a sus clientes, a sus colegas y a sus empleados. La gente piensa que no son más que unos flojos. Y ese es un estereotipo latino que no podemos permitirnos el lujo de seguir perpetuando.

Estoy de acuerdo en que a veces no es fácil tomar decisiones. Pero alguien tiene que hacerlo. Si tú eres el líder, la decisión debe ser tuya. No tengas miedo de actuar. La mayoría de las veces tomarás la decisión correcta. Y si aciertas *la mayoría de las veces,* llegarás al propósito que te has marcado. No siempre te será posible entregar en el plazo acordado todo lo que prometas. Pero es mejor entregar el 80% a tiempo que el 100% cuando ya no hace falta.

Las personas que tienen éxito toman decisiones con rapidez. Primero, porque confían en su objetivo final. Y segundo, porque confían en sí mismas. Para aumentar tu confianza, asegúrate de que tienes claro lo *que* quieres, cuándo lo quieres y exactamente cuánto ganarás cuando lo logres. ¡El *cómo* llegar hasta ahí ocurrirá casi como algo mágico! Recuerda que el *qué* es infinitamente más importante que el *cómo.*

Cortesía

La cortesía es distinta de los modales. Las buenas maneras se pueden enseñar, pero la cortesía proviene naturalmente del corazón. Lo bueno es que todos llevamos cortesía en nuestros corazones. Todo lo que tienes que hacer es cultivarla. Es como aprender a montar en bicicleta; una vez que aprendes, nunca se olvida porque la habilidad es natural. Si nunca te subes a una bicicleta, nunca harás uso de esa habilidad natural. Napoleón Hill dice que la cortesía no es nada más que respetar los sentimientos de los demás en cualquier circunstancia, el hábito de hacer todo lo posible por ayudar a otros menos afortunados.

El padre David García, nuestro amigo y pastor de la catedral de San Fernando, en San Antonio, donde el 97% de la congregación está compuesto de latinos de clase media y baja, ha descubierto que casi siempre son los feligreses más pobres quienes muestran una mayor generosidad. Una vez vi a una anciana, cuya pobreza era evidente, depositar un billete de $100 en la mano del arzobispo y pedirle que lo aceptara para que pudiera ayudar a otros menos afortunados que ella.

Se dice a menudo que los latinos somos gente muy cálida. Los que vuelven de visitar México y América del Sur siempre hablan de lo cordiales que han sido todos con ellos. Yo creo que es algo más que cordialidad. Los latinos somos corteses por naturaleza y por costumbre. Esto es algo que debemos seguir enseñando a nuestros hijos y transmitiendo a todos aquellos con quienes nos encontremos.

Tacto

Hay momentos adecuados y momentos equivocados para todo. La gente que tiene éxito desarrolla un sentido especial para hacer las cosas en su momento justo. Napoleón Hill hizo esta observación al analizar a las personas ganadoras. Además, dijo, el tacto está estrechamente relacionado con la cortesía. Sin uno no se puede practicar la otra. Luego definió las maneras más comunes que tiene la gente de mostrar la falta de tacto. Siguiendo su guión, y añadiendo algunas que creo son aplicables a los latinos, son estas:

1. Incidir en los hechos desgraciados
2. Quejarse de los compañeros de trabajo o de los jefes
3. Quejarse de la esposa o ex esposa
4. Alardear constantemente de los preciosos hijos, nietos o mascotas
5. Diseminar chismes sobre los demás
6. Llevarse a casa comida u objetos de una fiesta porque se cree que se tiene derecho a ello
7. Tener la costumbre de nunca hacerse cargo de la factura del bar o del restaurante cuando estamos con otros
8. Pedir prestados CDs y videos de familiares o amigos y ser descuidados para devolverlos
9. Aparecer en un lugar sin haber sido invitado o sin avisar
10. Hacer llamadas de larga distancia desde el teléfono de otro o utilizar el celular de otra persona sin pedir permiso
11. Cambiar el canal de TV sin preguntar a los demás que están mirando
12. Pasar demasiado tiempo al teléfono charlando con un amigo
13. Asumir que nuestra opinión es más importante que la de los demás
14. Presumir de que uno tiene la respuesta para todo
15. Interrumpir a los demás en medio de la conversación
16. Empezar todas las frases con "yo"
17. Hacer preguntas personales para aparentar más cercanía de la que realmente existe

18. Quejarse cuando no nos conceden un favor o una petición
19. Emplear un lenguaje profano
20. Contar chistes de mal gusto
21. Corregir a alguien delante de otros
22. Denegar peticiones de otros de forma arrogante
23. Cuestionar abiertamente la validez de las opiniones de los demás
24. Dar consejos no solicitados, especialmente sobre asuntos de carácter familiar
25. Asumir que uno casi siempre tiene las mejores ideas

Prácticamente casi nadie se comporta correctamente todo el tiempo. Si te notas alguna vez cometiendo alguna de estas faltas, corrígela inmediatamente. Discúlpate si has ofendido a alguien con tu comportamiento. Reconocer un lapso involuntario es una señal de madurez. Hay que trabajar todos los días en perfeccionar una personalidad agradable.

Tono de voz

¿Te has visto alguna vez en un vídeo, especialmente cuando no sabías que te estaban grabando? ¿Te sorprendió algo al verlo? ¿Te escuchaste más dominante de lo que querías ser? ¿Quizás te viste menos amable? ¿O más tontito? ¿Sonó tu voz menos agradable que lo que pensabas que era?

Hace años llevé mi cámara de vídeo a una vacación familiar. En un momento del viaje fui con dos de mis hijos a caminar por el bosque y grabé nuestro paseo. La cámara se centraba en ellos mientras caminaban. De mí, al estar grabando, sólo se oía mi voz. Al verlo posteriormente y escuchar mi voz, me quedé anonadado. Cuando decía "¡cuidado!", en lugar de ayudar a mis hijos, parecía que les estaba recriminando. Mi voz sonaba dominante, no cariñosa, ni preocupada. No podía creerlo. ¿Ése era yo? ¿Por qué sonaba tan diferente de lo que me imaginaba?

Muchas veces queremos decir una cosa, pero nos sale otra simplemente por el tono de voz que empleamos. Luego de ver el vídeo un par de veces con mi familia, les pregunté a mis hijos si ellos pensaban que mi voz sonaba dura y dominante. "Papá, tú siempre suenas así".

¡Caramba!

Eso sí que fue un descubrimiento. Siempre había creído que era un padre cariñoso, dulce, atento y protector, y ahora me decían que me percibían como a un viejo ogro. Desde aquel día soy mucho más cuidadoso con mi tono de voz, y me he grabado varias veces para mejorar. Debo admitir que es doloroso. El progreso fue muy lento. Hoy en día, pongo muchísimo esmero en decir exactamente lo que quiero decir y cómo lo quiero decir. Espero que mi familia esté de acuerdo con esto que escribo (cruzo los dedos).

Expresión facial

La expresión facial de Adrienne Pulido es una sonrisa permanente. No recuerdo haberla visto nunca fruncir el ceño o ponerse furiosa, en ninguna situación. Eso proviene de una fuente interior de confianza y de una actitud mental positiva.

Tu expresión facial refleja lo que sientes. Has reparado alguna vez, al pasear por la calle y verte reflejado en un espejo, por ejemplo, que parecías más contento o más triste de lo que creías? Es similar a lo de verse y escucharse en vídeo. Cuando te ves a ti mismo por sorpresa, te ves como te ven los demás.

Es casi imposible ocultar el dolor, la tristeza, el enojo, la impotencia o cualquier otra emoción negativa que estés experimentando. Por eso debes de eliminar la negatividad y reemplazarla con positividad. Los pensamientos positivos y felices siempre se reflejan en una expresión facial hermosa, y eso es absolutamente necesario para tener una personalidad agradable.

Tolerancia

Abre los ojos y ve. Abre los ojos y aprende. Las personas que piensan que todo el mundo tiene que comportarse como ellas, pensar como ellas o ser como ellas son poco realistas, inmaduras e ingenuas. El mundo del siglo XXI cambia muy deprisa. Todos los días surgen nuevas ideas y nuevas maneras de hacer las cosas. Todas las comunidades, en todos los rincones del país, se hacen más diversas. Tenemos con nosotros a inmigrantes de muchas naciones, trabajando y transformando nuestra patria y nuestro mundo. Todos los días nos encontramos con costumbres, religiones, tradiciones, culturas e idiomas diferentes.

Los latinos somos parte de esta maravillosa transformación. Si eres latino, querrás que la gente te acepte. Quieres un trato igual. Esperas ser respetado. La mejor forma de obtener respeto y aceptación es dándolos a los demás. Muchos latinos se quejan de que hay discriminación, pero nosotros también discriminamos.

Tolerancia es aceptar las diferencias. Intolerancia es tener un sentido de la importancia completamente equivocado. Lo mismo ocurre con la impaciencia. La gente tolerante tiene una comprensión muy profunda de la importancia de la igualdad. Practica la tolerancia y la paciencia, y te enriquecerás por dentro.

Franqueza en la manera de comportarse y hablar

¿Recuerdas cómo se comportó Adrienne Pulido en su segundo día de trabajo? Dijo lo que pensaba, y lo dijo con amabilidad, encanto y elegancia, con inteligencia y profesionalidad. Desde el primer momento dejó claro que era una persona sincera, una profesional honesta y directa, alguien con quien se podía contar y en quien confiar. Esa es una de las razones por las que ascendió hasta lo más alto de su profesión y dirigió la agencia latina de publicidad más importante del país.

Pero no hay que confundir la franqueza con los comentarios sarcásticos o con las opiniones expresadas sin cuidado. Hay personas que dicen lo primero que les viene a la cabeza sin importarles si es apropiado o relevante. Normalmente son el tipo de persona al que le gusta llamar la atención. Harías bien en ignorar sus comentarios. No te puedes fiar de la gente que no es franca. Puede que no mientan, pero se guardan información. Según Napoleón Hill, guardarse información es lo mismo que mentir porque demuestra una deshonestidad básica que socava la bondad del carácter.

La franqueza se aprecia siempre, especialmente cuando se ofrece de la manera que lo hace mi amiga Adrienne. Su elegancia y consideración por los demás realzan su ya encantadora personalidad.

Agudo sentido del humor

La mayoría de las personas que tienen éxito posee un sentido del humor muy desarrollado. El humor es un instrumento magnífico para aliviar las situaciones tensas y para fomentar el trabajo en equipo.

Tomemos el ejemplo de las relaciones entre hombres y mujeres en el lugar de trabajo. Muchas mujeres talentosas no reciben las promociones que se merecen porque se concentran en las barreras que tienen que superar y se toman a sí mismas con demasiada seriedad. Esto también les ocurre a los hombres. Mantener la seriedad constantemente puede llevar a crear una tensión innecesaria. Hay estudios que indican que quienes llegan a lo más alto del mundo corporativo saben reírse y contar chistes, hacer bromas y divertirse como los que más. El humor promueve un ambiente de trabajo más positivo y hace que la gente se sienta más contenta en su vida y en sus ocupaciones. ¿Y quién no quiere ser feliz? Si no eres muy bueno contando chistes, no importa; simplemente ríete cuando los cuenten otros.

Fe en la inteligencia infinita

Napoleón Hill creía firmemente en la importancia de tener fe en lograr cualquier empresa importante. Yo estoy totalmente de acuerdo. Sin fe no puedes dirigir tus emociones ni tu fuerza interior hacia el propósito que te has marcado. No puedes inspirar a otros a que te sigan. La fe elimina obstáculos y empuja a tu mente creativa a encontrar nuevas soluciones cuando parece que ya no queda ninguna. Te permite superar las barreras y seguir adelante cuando estás demasiado cansado para dar un paso más; o trabajar una hora más; o poner un ladrillo más; o escribir otra palabra más.

La fe en la inteligencia infinita desencadena todo el poder que encierras dentro de ti mismo. Pero recuerda que tener fe en la inteligencia infinita no quiere decir dejarlo todo en manos de Dios. No significa que ponerte a rezar de rodillas o lanzar una plegaria por la noche vaya a resolver tu problema. Tú debes ser parte de la solución.

Fe es la inspiración que da alas a tu viaje y te habilita para alcanzar tu sueño. El poder de la fe no te cuesta nada. No hay que pagar ninguna cuota. Está a tu entera disposición. Todo lo que tienes que hacer es aprovecharlo.

Profundo sentido de la justicia

Uno de los atributos más importantes de una personalidad atractiva es la capacidad de ser justo y sincero, incluso cuando vaya en contra de nuestros intereses. Poseer un profundo sentido de la justicia implica no mostrar favoritismos. Significa despedir a las personas que no cumplen con su trabajo. Quiere decir negarse a tomar la decisión equivocada y defender la correcta, aunque se pierda dinero.

Cuando Kathy y yo todavía teníamos el negocio, a nuestra directora artística, Jeanette Méndez, le diagnosticaron un cáncer. Tenía 29 años. Acababa de casarse y tenía toda la vida por delante. Con el tratamiento se quedó tan débil que no pudo trabajar durante todo un año. No hizo falta convocar una reunión especial para decidir qué hacer. Jeanette mantuvo su puesto con su salario completo. Era lo correcto, lo justo. Después de todo, llevaba con nosotros más de ocho años y siempre lo había dado todo por nuestra firma, muchas veces trabajando noches enteras para que pudiéramos cumplir nuestros plazos y respetar nuestros compromisos. Lo menos que podíamos hacer era devolvérselo de alguna manera.

Uso apropiado de las palabras

Es importante emplear el lenguaje apropiado cuando queremos comunicar algo, tanto por escrito como de palabra. Es muy fácil descuidarse con las palabras que usamos, especialmente al hablar. Ten cuidado de no caer en una comunicación confusa e incompleta.

Cuando utilizamos el lenguaje escrito tendemos a ser más precavidos. Ello se debe a que somos conscientes de que lo que escribimos va a ser visto por otras personas que pueden cuestionarlo o criticarlo. Los errores, las exageraciones, omisiones, inexactitudes y otras fallas que contenga nuestro mensaje quedan realzadas si van por escrito. Si nuestra comunicación es descuidada, no tenemos nada en que apoyarnos.

Me sorprende encontrarme con tanta gente que escribe sin pensar, sin prestar atención, de forma enredada o incorrecta. ¿Y tú, cómo escribes? Haz esta prueba. Imagínate que eres profesor de gramática. ¿Es tu forma de comunicarte todo lo clara que podría ser? ¿Es concisa o tortuosa? ¿Es precisa? ¿Cuántos atajos tomaste?

¿Cuántas faltas de ortografía ves? Si no empleas las palabras adecuadas para comunicarte al escribir, lo más probable sea que tampoco las utilizas cuando hablas. Dicho sea de paso, aunque pensemos que las palabras soeces son expresivas o efectivas nunca son apropiadas.

Puede que lo hayas notado en mi propia forma de escribir. Utilizo frases cortas y fragmentos de frases. Eso se debe a mi pasado en la publicidad, un mundo en el que tienes 30 segundos para comunicar tu mensaje. También se debe a que prefiero escribir como hablo.

Hablar con eficacia

"No preguntes qué puede hacer tu país por ti; pregunta lo que puedes hacer tú por tu país". ¿Curioso, no? Si John Fitzgerald Kennedy lo hubiese dicho así, ahora nadie recordaría esa frase. Pero alteró el orden. Dijo: "Pregunta no…" en lugar de "No preguntes…". Creo que decidió decirlo así, a pesar de que esta no es la forma habitual de hablar, porque no quería empezar la frase con una palabra negativa. Quería ser positivo e inspirar a la nación.

También hay algo más. Cuando se dice la frase en inglés, todas las palabras excepto "país" *(country)* tienen sólo una sílaba. ¡De hecho, el 90% de las palabras de su discurso inaugural son de una sílaba! Y es el discurso inaugural más memorable y más citado de la historia de Estados Unidos.

Hay académicos a los que no les gusta que se mencione esto. Hay gente que prefiere frases largas y párrafos aún más largos, con palabras de muchas sílabas. Puede que algunas personas queden impresionadas por las palabras grandes, pero la mayoría de la gente, no. Si quieres que tus palabras se recuerden (¿quién no lo desea?), que sean sencillas.

Los anunciantes se gastan millones de dólares todos los años con la intención de que sus mensajes lleguen al público. Para ser efectivos, utilizan mensajes breves. Positivos. Y fáciles de recordar.

A continuación, puedes ver algunos ejemplos de líneas publicitarias usadas primordialmente en Estados Unidos, junto con el nombre de la marca.

> Always Coca Cola
> (Siempre Coca Cola)
> Have it your way
> (Como tú quieras). Burger King
> I'm lovin' it
> (Me encanta). McDonald's
> Good to the last drop
> (Bueno hasta la última gota). Maxwell House Coffee
> Get the door, it's Domino's
> (Abre la puerta, es Domino's)
> Good Food. Good Life
> (Buena Comida. Buena vida). Nestlè

Cuando hagas una presentación o des un discurso, guarda la sencillez. Manténlo relevante. Y breve. De esa manera es más probable que la audiencia se acuerde de tus palabras y diga: "¡Me gusta esa persona!". Forma parte del tener una personalidad atractiva.

Control emocional

Gran parte de lo que hacemos viene impulsado por nuestros sentimientos. Cuando nos sentimos bien, somos más propensos a hacer cosas buenas. Cuando nos sentimos mal, ¡cuidado! Como dijo Napoleón Hill, nuestros sentimientos nos pueden elevar hacia grandes logros o pueden hundirnos en la derrota. Nos lo debemos a nosotros mismos entender y controlar nuestras emociones.

El Sr. Hill identificó siete emociones negativas y siete positivas. Las siete negativas son miedo, odio, enojo, codicia, celos, venganza y superstición. Estas emociones tienden a salir a la superficie cuando uno está demasiado centrado en sí mismo, cuando pensamos más en nuestro bienestar que en el de los demás.

Las siete emociones positivas son amor, sexo, esperanza, fe, simpatía, optimismo y lealtad. Personalmente, me alegro de que el sexo esté incluido en la lista. Las emociones positivas tienden a tomar en consideración el bienestar de los demás. Son también nobles.

Tus emociones y la forma en que las expresas dicen mucho sobre ti. Los que no controlan sus emociones son normalmente bastante egoístas. Están convencidos de que el mundo gira alrededor de ellos, de que lo que piensan y quieren hacer o decir es más importante que lo que piensan, hacen o dicen los demás.

Adrienne cree que las personas decidimos entablar relaciones de negocios porque nos atrae lo que otras personas nos ofrecen como seres humanos. "No se trata de lo que haces, sino de lo que eres. Lo que cuenta es la relación", dice. Las relaciones de negocios, así como las personales, se cimentan fundamentalmente sobre las emociones.

Los seres humanos sentimos atracción hacia aquellos que son positivos, generosos y se preocupan por los demás. Nos repele la negatividad y el egoísmo. Si tus emociones son positivas, tus relaciones serán positivas. Si te descuidas y empiezas a pensar más en ti que en los demás, no podrás controlar tus sentimientos negativos. Tus relaciones y tu personalidad agradable se arruinarán.

Atención a los intereses

Uno de mis nietos tenía la costumbre de bostezar cuando hablaba con un adulto, especialmente si en la conversación se le daban sugerencias sobre cosas en que podía mejorar. Él no era consciente de los bostezos, pero el mensaje que proyectaba era de una clara falta de interés. Un día, mientras le ayudaba a preparar una entrevista de trabajo, conté diez bostezos en diez minutos y se lo hice notar.

Luego intercambiamos los papeles. En seguida vio que mis bostezos mientras él me entrevistaba resultaban muy molestos ya que mostraban un desinterés imposible de ocultar.

Una de las tácticas que sigue Adrienne Pulido para conseguir clientes nuevos y mantener los que ya tiene es demostrar que está interesada en ellos y en su negocio. Se anticipa a sus necesidades. Una vez finalizado el proyecto, sigue pensando en ellos; se mantiene en contacto y continúa ofreciéndoles ayuda muy valiosa. Les envía artículos de prensa relacionados con su negocio. O les escribe emails con ideas y sugerencias. Procura no olvidarlos. Y así se asegura de que tampoco la olviden. Tampoco pierde el contacto con la gente que ha trabajado para ella. Algunos de sus antiguos empleados ahora son sus clientes porque se mantiene interesada y alerta.

Adrienne hace favores sin esperar nada a cambio. Estoy escribiendo este libro porque oyó por medio de un cliente suyo que la Fundación Napoleón Hill estaba buscando a alguien para escribirlo. Me llamó y me puso en contacto con su cliente, quien me conectó con Don Green, el director de la fundación.

Hace 15 años le expliqué a Adrienne que *Think and Grow Rich* había cambiado mi vida. ¡Y se acordaba! De modo que aquí estoy, en un pequeño hotel de una diminuta ciudad inglesa, Thaxted, en las afueras de Londres, escribiendo este capítulo. Me encuentro aquí porque mi esposa está tomando un curso sobre el arte francés de pulir la madera. Está aprendiendo a restaurar antigüedades para ampliar su empresa de decoración de interiores.

¡Qué vida! Amo mi vida. Gracias, Adrienne, por tu atención, por tu interés y *por tu buena memoria.*

Versatilidad

La versatilidad siempre ha sido un ingrediente importante de una personalidad atractiva. Y es aún más importante hoy en día. Hace

150 años, una persona podía abrir una tienda a los 21 años y cerrarla 30 o 40 años después sin tener que expandir demasiado su volumen de conocimientos. Era así porque el mundo cambiaba muy lentamente. Ahora el mundo evoluciona cada minuto. Por eso es crucial estar al tanto de lo que sucede a nuestro alrededor. Con las computadoras actuales e Internet resulta fácil y barato descargar de la Red cualquier cosa que necesitemos para estar informados y mantener abiertas todas las posibilidades. Como siempre, cuanto más informados y versátiles seamos, más interesantes nos hacemos para la personas de éxito. Y más fácil será conocerlas, hablar con ellas y forjar amistades que puedan proporcionarnos oportunidades de negocio. Además, la versatilidad tiene otra ventaja: ayuda a servir mejor a tu comunidad, a tu familia y a tus amigos.

Aprecio por la gente

Los perros saben si te gustan o no. Si ellos te caen bien, tú también les caerás bien. De hecho, te amarán y harán cualquier cosa para agradarte. La gente reacciona de la misma manera. Si alguien no te gusta, lo más probable es que tu tampoco le caigas en gracia.

A veces juzgamos a las personas impulsivamente, antes de concederles la oportunidad de darse a conocer. Hay blancos que desprecian a la gente de color café simplemente porque es de color café. Hay gente de color café que desprecia a los negros sólo porque son negros. El aprecio por la gente exige apertura, madurez y cariño por los demás, sin importar quienes sean, su apariencia o su procedencia.

Tomemos a Muhammad Ali, quizás la persona más reconocible del mundo entero. Este hombre tiene un afecto natural por la gente, sea quien sea. En su reciente libro *The Soul of a Butterfly*, escrito con su hija, dice:

"No importa donde vaya, todo el mundo reconoce mi cara y sabe mi nombre. La gente me ama y me admira; me respeta. Tengo mucho poder e influencia, y por eso sé que tengo la responsabilidad de utilizar mi fama de la manera correcta. Esta es una de las razones por las que siempre intento ser amable con todos, sin importarme su color, su religión o su posición en la vida. Aunque hay personas que se ven a sí mismas mejores o más importantes que otras, a los ojos de Dios somos todos iguales. Lo que importa es lo que llevamos en el corazón".

Lo que llevamos en el corazón siempre sale a la luz. Mantén abierto tu corazón y acepta lo mejor de cada uno. Casi todos queremos ser buenos. Casi todos queremos ser justos. Casi todos queremos que nos quieran. Otorga a todos el beneficio de la duda. Aprecia a la gente y la gente te apreciará a ti.

Humildad

Pedir humildad a los latinos es como pedir al Papa que rece. Los latinos somos humildes por naturaleza, por cultura y por historia. No tengo que recordar a ningún latino que sea humilde. El único consejo que puedo dar es que no se pasen de humildes. Que sepan los latinos que no son ni mejores ni peores que nadie. Napoleón Hill dijo que la gente que tiene una fe fuerte siempre es humilde de corazón y que esas cualidades son siempre admirables. Bien dicho, Sr. Hill.

Confianza y deportividad

La deportividad tiende a surgir de forma natural en un ambiente de confianza. La confianza no surge tan naturalmente entre los latinos como la humildad. Esto se debe a que muchos de nuestros antepasados fueron explotados durante siglos. Los conquistadores mataron, robaron, saquearon y violaron a las comunidades indígenas. Los nativos aprendieron a desconfiar y a aprovecharse de los ricos antes de que estos se aprovechasen de ellos. Pronto, todos se estaban robando unos a otros. "Me los tengo que fregar antes de que me frieguen". La confianza desapareció, y lo mismo le ocurrió a la deportividad.

Con esto no quiero decir que los latinos actualmente no juguemos limpio. Lo hacemos. Sin embargo, tenemos que esforzarnos un poco más que los demás para aprender a confiar, especialmente en gente que es diferente a nosotros. La confianza se desarrolla con la amistad, conociéndose mutuamente. Trata por todos los medios de entablar relación con otras personas. Cuando las conozcas será mucho más fácil que te caigan bien. Y si te caen bien, será más fácil que confíes en ellas.

La mayoría de la gente merece confianza. *Es mejor confiar en todo el mundo que no confiar en nadie.* Si piensas que casi todo el mundo merece confianza, no sólo tendrás una personalidad atractiva, sino que también jugarás limpio y con honestidad.

Un buen apretón de manos y magnetismo personal

Cuando le des la mano a alguien mírale siempre a la cara. Nunca mires hacia abajo. Sonríe, dale la mano con calor, ni muy fuerte ni muy floja. "Encantado de volverte a ver". "Encantado de conocerle". "Me alegro de conocerle". Estos son los saludos esperados. Úsalos con simpatía. Actualmente están de moda los abrazos, así que adelante. Incluso a los anglos que te presentan por primera vez. ¿Por qué no? Así se acordarán mejor de ti. Y de tu abrazo.

El magnetismo personal es una cualidad innata de algunas personas. También tiene algo que ver con la energía sexual. Julio Iglesias lo tiene. Y Bill Clinton. Christina Aguilera y Jennifer López también. Conozco a Bill Clinton y a J-Lo, y te puedo asegurar que el poder de su magnetismo es evidente.

Napoleón Hill apuntó hace ya tiempo que la energía sexual es una fuerza vital y universal. Canalízala en tus esfuerzos. Haz que sean tus obras, no tu cuerpo, lo que cautive la atención de los demás.

Aquí los tienes. Los 25 atributos de una personalidad agradable. Posiblemente nunca los perfecciones todos, pero sí puedes trabajar para mejorarlos todos. Conoce los que más necesitan tu atención. Revísalos periódicamente y toma nota de tu progreso.

El desarrollar una personalidad atractiva es un poco como formar un cuerpo fuerte y musculoso. Para ver resultados hace falta trabajar duro y con consistencia. Cuanto más tiempo le dediques, más progresarás.

Fe aplicada
—Jesse Treviño

La fe es algo natural para los latinos. Existe tanto en nuestros corazones como en nuestro lenguaje. Realmente no decimos adiós. Nuestro adiós es la contracción de dos palabras: *A Dios*. Al despedirnos también decimos "Vaya con Dios" y utilizamos la expresión "Que Dios te bendiga". La respuesta más común cuando alguien pide un deseo es: "Que Dios te lo conceda".

"Debes tener fe" es nuestra llamada de atención cuando las cosas se ponen mal. Los latinos expresamos nuestra fe todos los días, consciente o inconscientemente. Es lo que somos. La cuestión es cómo aplicamos esa fe en nuestras vidas cotidianas.

Napoleón Hill avisa de que tener fe no es suficiente. La fe hay que utilizarla, enfatiza. "La fe es un estado mental, no necesariamente tus creencias religiosas", dice. "Para que la fe te sea útil en la consecución de un éxito duradero, debe ser una fe activa, no pasiva".

Las personas que tienen éxito son conscientes de esto: la fe que pones en práctica es la única fe útil que existe.

Yo describo la fe útil como la fe que se basa en tres verdades cruciales: creer en ti mismo, creer en tu objetivo y creer en la inteligencia infinita.

Comprender la inteligencia infinita

El Sr. Hill enseña que es imposible aplicar la fe sin creer en un Ser Supremo. Estoy de acuerdo. El poder del Ser Supremo está siempre a nuestro lado, listo para echarnos una manita siempre que la necesitemos. Cuando accedemos a ese poder, estamos accediendo al poder que atesoramos en nuestro interior. La fuerza de la inteligencia infinita está dentro de todos nosotros. En el último capítulo de este libro aprenderás algo que mucha gente no sabe: que no podemos separarnos del poder de la inteligencia infinita. ¿De qué otra manera podríamos, como mortales que somos, ser capaces de lograr consistentemente todo lo que somos capaces de concebir?

Superar la incredulidad

El Sr. Hill dice que tener fe implica relajar la razón y el poder de motivación de uno mismo y abrir la mente al poder de la inteligencia infinita. Si crees realmente en el propósito fundamental que has definido, deja que tu fe te muestre el camino hacia él. No va a hacer el trabajo por ti, pero te indicará la dirección en la que debes ir. La fe resuelve cosas que parecen irresolubles. Abre como por arte de magia puertas a oportunidades que nunca supiste que existían. Pondrá milagrosamente ante ti lo que estás buscando.

La fe es creer en tu sueño sin dudas ni reservas. La fe te da el valor para mantener la concentración y seguir avanzando cuando las cosas se ponen difíciles. Todo lo que tienes que hacer es creer. Si no crees, no podrás utilizar el poder de la fe para conseguir tus sueños.

El poder de la fe

Uno de los mejores artistas latinos del país es un gran pintor y muralista llamado Jesse Treviño. Su obra está expuesta en el Smithsonian de Washington, D.C. Sus grandes óleos sobre lino iluminan hogares y oficinas de coleccionistas muy influyentes. En el centro de San Antonio hay un parque infantil sobre el que se eleva elegantemente un enorme mural de 100 pies de alto. Su pasión por el arte público, su fe y su valentía son legendarias.

A finales de los 1990, Treviño acompañó a la entonces primera dama, Hillary Clinton, en un viaje de arte a Santiago de Chile, donde ella le presentó como su artista favorito. Más tarde, le invitó a Washington para que hablara en la Casa Blanca ante un grupo de mecenas y amantes del arte. Su carrera es realmente extraordinaria, especialmente si consideramos que Jesse proviene de una familia muy numerosa de 12 hermanos, que creció en medio de la pobreza y con un sólo progenitor. Resulta aún más increíble si pensamos que su fama como artista le llegó después de perder la mano con la que pintaba, mientras servía en Vietnam.

A pesar de las adversidades, por medio de la fe alcanzó su objetivo fundamental de ser un artista prominente y respetado. Su historia nos sirve a todos de inspiración. Este es un hombre que tiene fe.

Jesse tenía el poder de la fe desde niño

Desde que contaba cinco años, a Jesse le entusiasmaba el arte, especialmente el que está expuesto en lugares públicos para disfrute de todo el mundo. Se pasaba horas mirando a los artistas que pintaban a mano las vallas de publicidad. Para él, eso era arte. Le fascinaba el control que tenían sobre cada brochazo que daban. Pintaban caras, automóviles y alimentos. Incluso letras. "Debe ser maravilloso poder hacer eso", pensaba. "Un día, yo también pintaré como ellos".

Tener fe fue algo natural para Jesse. Desde aquel preciso momento siempre tuvo la convicción y la seguridad de que algún día llegaría a ser un gran artista. Nunca se imaginó los obstáculos que se interpondrían entre él y su meta. Todas las mañanas se levantaba pensando en el arte. Todas las noches se acostaba soñando con él.

A unas cuantas cuadras de su hogar había un pequeño lago al que todos los veranos iba a pescar con sus hermanos. Y justo detrás estaba la Universidad de Nuestra Señora del Lago. Esta institución de brillante arquitectura había sido levantada hacía 100 años. Mientras esperaba a que picaran los peces, Jesse solía quedarse extasiado mirando la hermosa edificación de estilo gótico. Había algo en ella que le cautivaba. Años más tarde estaría allí dentro, cruzando el escenario sonriente y alzando con orgullo su recién conseguido diploma.

Cuando Jesse tenía diez años, un ataque de corazón se llevó a su padre. Tenía 49 años. Los 12 hermanos y su madre se quedaron solos. Los chicos más mayores se pusieron a trabajar, lo mismo que la luchadora Sra. Treviño. Con la desgracia, la familia se unió aún más; se dieron fuerza unos a otros. La relación entre Jesse y su madre se hizo más estrecha. Ella se convirtió en su mejor amiga. A pesar de todos sus quehaceres, la Sra. Treviño siempre encontró tiempo para compartir su sabiduría con Jesse, sus ocho hermanos y tres hermanas. "Tenemos fe" se convirtió en la oración familiar.

La fe no faltaba, seguro. Jesse empezó a ponerla en práctica sin que nadie le enseñara. Había dos cosas que le motivaban especialmente: primero, la aspiración ferviente de su madre de que un día sus hijos e hijas fuesen a la universidad. Y la segunda, su deseo de ser famoso y ganar dinero por medio de su arte. Para los seis años, ya había comenzado a ganar concursos. Cuando estaba en primer grado, sacó el primer premio de un concurso de dibujos patrocinado por el museo más grande e importante de la ciudad. Su dibujo de una paloma en papel de manila le supuso un premio de un bono del Tesoro de $40, una placa y, lo mejor de todo, la exultante ovación de una audiencia entregada. Jesse se llenó de orgullo y de júbilo al ver al público de pie, aplaudiendo: "Así es como me quiero sentir siempre", recuerda que pensó.

A partir de esta experiencia, Jesse participó en todos los concursos de arte que encontraba. Tenía fe en su talento y la ponía en práctica. Era incansable. No pasaba un día sin pintar, dibujar o leer libros de arte. Ganaba concurso tras concurso. Para cuando llegó al cuarto año de secundaria, su talento y disciplina eran reconocidos y respetados por todos.

Pero Jesse necesitaba algo más. Su propósito más importante se hacía cada día más claro. Iba a ser un artista famoso y a ganar mucho dinero. Para conseguirlo sabía que le hacía falta ampliar su formación. Tenía que encontrar la forma de sacarse una beca para ir a una escuela de arte de talla mundial. La ayuda le llegó de su maestra de arte comercial en la escuela, Katherine Aslup. Ella había estudiado diseño en el prestigioso Pratt Institute, y era una artista fantástica con todo tipo de medios, desde el lápiz de madera hasta el óleo y los pasteles. La Sra. Aslup tenía una gran fe en su joven estudiante, de modo que alentó a Jesse a participar en un concurso nacional de arte patrocinado por la revista *National Scholastic*. ¿El premio? ¡Una beca con todos los gastos pagados para acudir a una de las mejores escuelas de arte del país!

Jesse sabía que, para vencer, su portafolio tenía que llamar la atención de los jueces. El puro talento no iba a ser suficiente. Quería distinguirse con algo atrevido y diferente. Siguiendo la cuidadosa orientación que le prestaron, Jesse preparó un portafolio con 20 trabajos. Todos representaban un dibujo o pintura de la cara de un niño. Cada uno de ellos estaba hecho con un material diferente: acuarela, óleo, pastel, carboncillo, pluma y tinta. Una vez más, Jesse no sólo tenía fe, sino que la ponía en acción. No sólo lo deseaba. No sólo lo quería. Trabajó duro y mantuvo una actitud positiva.

Fue un poco más lejos. Mantuvo el enfoque en su propósito fundamental definido. Y ganó el concurso.

Su fe puesta en práctica le dio resultado y recibió una beca completa para una de las escuelas de arte más importantes del país. Podía elegir entre el Chicago Art Institute y la Art Students' League de Nueva York. Optó por Nueva York.

La vida en la gran ciudad era maravillosa, aunque al joven de 18 años le costó unas cuantas semanas adaptarse. Iba a clase durante el día y por las noches trabajaba. Seis días a la semana acudía a una pequeña tienda de arte del Greenwich Village a dibujar retratos de turistas a carboncillo. Cobraba $20 por cada dibujo. Era muy bueno. Cuando se ponía a dibujar, la gente se arremolinaba a su alrededor. El propietario de la tienda decidió que estuviese en la acera para que todo el mundo lo viera mejor.

En cuanto los transeúntes reparaban en su trabajo, no podían resistirlo. Ganaba mucho dinero; se llevaba $15 por cada trabajo. El dueño de la tienda se quedaba con $5, pero su verdadera ganancia la hacía al enmarcar los dibujos. Jesse se llevaba a casa todas las noches entre $150 y $200, una fortuna para un muchacho joven a mediados de los 1960. La vida era linda. De hecho, era fantástica.

Superar los miedos

De repente, un día ocurrió algo completamente inesperado: el *Tío Sam* llamó a la puerta en forma de telegrama. La Guerra de Vietnam estaba en su apogeo y los jóvenes estadounidenses eran llamados a filas para luchar. "Repórtese en tres días a la oficina local de reclutamiento en San Antonio".

"¿Qué es esto?"

Evidentemente, Jesse sabía que había una guerra, pero había estado tan preocupado con su educación y su trabajo que no había reparado mucho en ella. Ahora iba a entrar de lleno como soldado raso del Ejército de Estados Unidos. Nada más llegar al campamento solicitó un puesto como artista en combate para poder ejercitar su talento. Pero ya no había necesidad de ese tipo de funciones. Ahora había televisión, y los dibujos que en el pasado habían servido como crónica de las guerras ya no eran necesarios. Acabó en la infantería.

Luego de unas pocas semanas de entrenamiento básico, Jesse fue enviado a luchar en los campos de la muerte del delta del Mekong. En tres meses la mitad de los hombres de su compañía estaban muertos o heridos. La cosa se ponía muy fea. Se olía el miedo en el aire. "Sentía que sólo era cuestión de tiempo hasta que llegase mi turno", recuerda.

El miedo a morir era real. Es el miedo más pavoroso. Exploraremos el miedo a morir —uno de los siete miedos básicos listados por Napoleón Hill— más adelante, en este mismo capítulo. Hill descubrió que casi todos nosotros experimentamos al menos uno de estos miedos. Mi propia observación me dice que la mayoría de los latinos sufrimos de múltiples miedos que nos limitan. No porque seamos *gallinas,* sino por nuestro condicionamiento natural.

Aquí están los siete miedos. ¿Alguno te resulta familiar?

Primer miedo: a la pobreza

A muchos latinos, incluido yo, se les enseñó a creer que la pobreza es una virtud. El cura de nuestra parroquia lo decía desde el púlpito todos los domingos. Y muchas veces nuestros propios padres, la familia y los amigos lo recalcaban. Querían hacernos creer que los pobres son gente bondadosa y temerosa de Dios y que eso los lleva camino del Cielo. Y al contrario, pensábamos que los ricos eran almas desgraciadas y miserables destinadas a las profundidades del infierno. Si un latino se hace rico, frecuentemente se asume que es porque trafica con drogas o por alguna otra actividad oscura. Estos estereotipos culturales no tienen ninguna conexión con la realidad.

Y hablando de la realidad, el miedo a la pobreza es tan real y destructivo como la inconsciente aceptación de la misma. Si nos enseñan que la pobreza es el camino hacia el Cielo, ¿no querríamos todos llegar allá por ese sendero? Si no te gusta la pobreza y quieres librarte de ella, analiza la negatividad que produce, como lo hizo Napoleón Hill:

Falta de ambición. "Lo que Dios quiera". ¿Es así como aceptas lo que te da la vida? ¿Sin cuestionártelo? Recuerda que tener una vida feliz y exitosa depende tanto de ti como de Dios.

Renuncia a tomar tus propias decisiones. "Como Dios quiera". Esta actitud está muy relacionada con la falta de ambición. Te da permiso para dejar que sean fuerzas externas a ti las que determinen tu futuro. Socava lo más precioso que te dio el Creador: tu libre albedrío.

Inventar excusas para los fracasos. "No pudo ser". Abandonar y decir que lo haces porque "es una señal de Dios" es la excusa más inaceptable cuando no se consigue algo. Si fracasas, tienes que extraer una lección de lo que ocurrió, componerlo y volverlo a intentar. Acepta el hecho de que el responsable de lo que te ocurre eres tú.

Una actitud mental negativa. Dice un refrán que "Lo que tiene que ser, será". Otro es "Ni modo". La gente cree que son proverbios muy sabios y atinados. Pero, en realidad, son justo lo contrario porque refuerzan todas las limitaciones que acompañan a la pobreza.

Segundo miedo: a las críticas

Cuando era niña, Sandra Cisneros —autora, oradora y escritora— tenía miedo a las críticas de las monjas del colegio católico en el que estudiaba. En el tercer grado cambió de escuela, pero las nuevas maestras, también monjas, eran diferentes. En lugar de utilizar las herramientas del miedo y la intimidación, enseñaban por medio del amor, del ánimo y de la comprensión. Estas monjas reconocieron su talento y lo sustentaron.

Sandra se sintió obligada a partir de ahí a hacerlo lo mejor posible para corresponderlas. La nueva escuela le cambió la vida. Si se hubiese quedado en la primera, hoy no sería escritora. Sandra perdió el miedo a las críticas a una edad muy temprana.

Eso está muy bien. Napoleón Hill observó que el miedo a las críticas puede llevarnos a hacer cosas muy innecesarias, como:

Hacer lo que hace el vecino. Por ejemplo, el miedo nos puede llevar a intentar ser el tipo más chévere y más sofisticado de toda la cuadra. A tener el auto más elegante, la sala de TV más grande o la computadora más potente. Este tipo de estupideces pueden partirte por la mitad, tanto emocional como económicamente.

Vanagloriarte de tus logros. "Yo ya fui y vine; estoy de vuelta de todo eso". Según Hill, esta actitud de suficiencia es una manera de ocultar un sentimiento de inferioridad. Si buscas aparentar que tienes éxito en lugar de tenerlo realmente, estarás atenazado por el miedo a que descubran que no eres más que un fraude. Si trabajas fuerte y estás orgulloso de tus logros, éstos hablarán por sí mismos.

Avergonzarnos fácilmente. "Qué vergüenza" es una expresión mexicana muy común. Muchos de nosotros aprendemos que la vergüenza es una cualidad deseable para mantenernos en la buena senda. Todos los latinos hemos oído la expresión "No tiene vergüenza", como si el tenerla nos hiciera mejores personas. La vergüenza nos crea dudas al tomar decisiones, nos produce miedo a la hora de conocer gente nueva y disminuye nuestra autoconfianza. No es bueno vivir con la mentalidad fatalista del "pobre, chaparro y feo". Esta percepción nos arruina a nosotros mismos. Y si dejas que eche raíces dentro de ti, puede llegar a convertirse en realidad.

Tercer miedo: a la mala salud

Los latinos tienen mayor riesgo de sufrir ciertas enfermedades como la diabetes y los infartos de corazón. Muchos de los nuestros tienen sobrepeso; otros muchos cuentan con una cobertura de salud insuficiente. Y la mayoría odiamos ir al médico.

El macho. Muchos hombres latinos, muy machos, han estado a punto de morir por no haber ido a ver al doctor a tiempo. A un carpintero que conozco le picó una araña reclusa parda y se resistió a ir al médico hasta que el dolor se hizo insoportable. Si hubiese ido al hospital inmediatamente después de la picadura, habría recibido la medicación apropiada y en un par de días se habría puesto bien. Como no lo hizo, varios órganos vitales le dejaron de funcionar, perdió varios meses de trabajo y los ahorros de toda su vida. También causó mucho dolor y sufrimiento a su familia. Hoy día podría ser un hombre sano y fuerte. Sin embargo, es una persona inválida para siempre que sufre cada día para llegar hasta la noche. Y todo porque pensó que podía ocultar su miedo detrás de la fachada de "un verdadero macho".

Prefiero no saberlo. Muchos de nosotros tenemos tanto miedo de enfermar que pensamos que podemos evitar los problemas de salud evitando a los médicos y a los hospitales. "Si ha llegado mi hora, es que ha llegado. No quiero ir a ver al doctor. A lo mejor me dice que estoy malo". Esa mentalidad hará que te preocupes aún más, o peor, que te revuelques en tu propia pena y hagas sentirse miserablemente a los que te rodean.

El hábito de abusar de sustancias. La cervecita diaria luego de un duro día de trabajo puede convertirse en un hábito. "Salir de fiesta con los amigotes", también. Da igual que sean bebidas o drogas. Napoleón Hill observó que el abuso de estas sustancias no es sino una forma de ocultar un sufrimiento mental o físico. Es preciso que busques la verdadera fuente de ese dolor y te enfrentes con ella. Hablaremos más sobre esto en el capítulo 15.

Cuarto miedo: a perder el amor

Conozco un hombre (llamémosle Frank Mena) que de la noche a la mañana perdió a su mujer y a su familia. No murieron. Le abandonaron por su miedo a perderlos. Frank es un buen hombre, y tan listo como el que más. Los Mena aparentaban ser la familia perfecta. Él tenía su propio negocio y le iba muy bien. Su esposa era una ama de casa hermosa, sociable y con talento. Tenía unos hijos inteligentes, educados y apuestos. Frank los amaba tanto que constantemente le daba vueltas a la cabeza pensando qué ocurriría si los perdía. Para asegurarse de que estuviesen juntos siempre andaba encima de ellos, dirigiendo cada uno de sus movimientos.

Un día, su esposa se le acercó y le dijo: "Te dejo".

"¿Por qué?", le preguntó él, asombrado.

"Ya no te amo".

"Claro que me amas. ¡No bromees!"

"Te digo que ya no te amo", repitió ella.

¿Su respuesta?: "Sabes que me amas y que yo te amo. Ya recapacitarás. No puedes dejarme. Te he dado todo lo que querías. Vuelve dentro de la casa y prepárate, te voy a llevar a cenar fuera. No quiero hablar más sobre esto".

Ella no se preparó para ir a cenar. Se fue y no volvió nunca más.

Esto ocurrió hace más de 20 años. Mi amigo no se volvió a casar por miedo a volver a perder el amor. Frank realmente amaba a su esposa. Sospecho que todavía la adora. Pero no la escuchó. La quiso controlar. Tenía miedo a perder el amor, e intentó protegerse demasiado ante esa posibilidad.

Vivir con miedo a perder el amor es vivir una pesadilla. Una pesadilla que puede convertirse en realidad si te obsesionas con ello. Napoleón Hill aconseja que cultivemos nuestras relaciones. Que demos todo lo que tenemos. Si es así, en lugar de ser una fuente de temor, las relaciones serán para ti un bastión de fuerza y coraje.

Quinto miedo: a envejecer

Nuestra hija mayor, Anna, tiene 44 años. Es muy hermosa, como lo son nuestras cuatro hijas. Pero ella está convencida de que es la más linda. El otro día notó las primeras arrugas en sus manos y se sintió un poco afligida. Como yo ya tengo mis años, soy consciente de los cambios físicos que tienen lugar a medida que avanzamos por el sendero de la vida.

"Me estoy haciendo vieja", dijo.

"Está OK", le dije, tomando prestada una frase que había escuchado unos días antes. "Si quieres seguir viviendo, tienes que seguir envejeciendo". El refrán no le hizo mucha risa, pero se mostró de acuerdo en que quiere seguir viviendo. Lo cierto es que la edad no es sino lo que cada uno hace de ella. Tú puedes decidir ser viejo a los 30, 40 o 50 años. También puedes decidir ser joven a los 65, 85 o 95.

Si sigues viviendo, vas a seguir envejeciendo. Como dice siempre mi amigo José Martínez: "Si va a ocurrir, apúntate". Yo estoy envejeciendo, de modo que ¡me apunto!

Vivir está muy bien. Piensa así y tendrás una vida larga, sana y feliz. La medicina actual nos ayuda a vivir mucho más tiempo. Por tanto, cuida de tu cuerpo independientemente de la edad que tengas. En el libro dedico un capítulo entero a la salud y prefiero no profundizar en ello ahora, salvo para darte mis cuatro reglas para mantenerte sano:

1. Ama tu trabajo. Si no lo amas, déjalo.
2. Estira los músculos, levanta pesas y camina una milla al día.
3. Bebe ocho vasos de agua al día.
4. Haz comidas ligeras y nunca peses más de 15 libras más de lo que pesabas en la escuela secundaria.

Sexto miedo: a perder la libertad

La mayoría de nosotros cree que todos los seres humanos ansiamos ser libres, sin importar donde vivimos. Napoleón Hill ciertamente así lo creía. Escribió sobre esto hace más de 70 años, y yo me maravillo de lo relevantes que siguen siendo actualmente sus palabras. Así que las repetiré:

> El temor a perder la libertad está presente siempre, vivas en el país que vivas. Para aquellos que sufren bajo el peso de un estado policial y no gozan de la libertad que ofrece el sistema estadounidense, el temor es aún mayor. Pero hay muchas otras fuerzas que pueden intervenir para restringir tu libertad, como la ambición política de tus vecinos o las demandas de la vida diaria. Y estos miedos pueden paralizarte y distraerte del propósito fundamental que te has marcado.
>
> La única manera de enfrentar este miedo es tomando parte activa en la defensa de las instituciones que preservan tu libertad. Los derechos de los que gozamos en este país fueron ganados después de muchos y amargos años de lucha, y para protegerlos es preciso mantener siempre la vigilancia. Debes ser consciente de los conflictos que se están produciendo y asumir un papel activo en ellos. También tienes que cerciorarte de que no haces nada que restrinja las libertades de los demás.
>
> Si al perseguir tu propósito fundamental te conviertes en un tirano y tratas de controlar a tu familia, a la alianza de mentes maestras o a tus empleados, estarás contribuyendo al retroceso de la causa de la libertad igual que lo haría cualquier revolucionario extremista.

No te puedes liberar de este miedo si no estás en armonía con las mismas fuerzas de la libertad que hacen que tu éxito sea posible.

Séptimo miedo: a la muerte

Esta es la madre de todos los miedos. Jesse Treviño lo experimentó. No murió, y tampoco nosotros. Por eso no sabemos cómo es la muerte. Pero si nos ponemos nerviosos y nos preocupamos por ella, eso sí que puede matarnos. Casi mató a mi hermano Robert.

Hace unos cuantos años, a Robert le diagnosticaron un cáncer de estómago. Le dieron un 5% de probabilidades de sobrevivir. Mientras se sometía al tratamiento de radiación y quimioterapia se puso muy enfermo y comenzó a obsesionarse con su enfermedad. No era capaz de pensar o hablar sobre nada más. Kathy, mi esposa, le aconsejó que fuera al mejor psicoterapeuta de la ciudad, un hombre llamado Irv Loev.

Robert había perdido mucho peso, había bajado de 165 a sólo 123 libras. Incluso había empezado a hacer planes para su funeral. Sin embargo, siguió el consejo de Kathy y fue a ver a Irv. Cuando llegó a la consulta, Irv le preguntó. "¿Cuál es el problema?"

"Tengo cáncer y sólo soy capaz de pensar en eso. ¡Me está matando!".

"Bien, entonces deje de pensar en ello", dijo Irv.

Robert, a quien no le gusta gastar ni tiempo ni dinero innecesariamente, le hizo caso de inmediato. No tuvo necesidad de seguir un proceso de terapia durante meses. Simplemente, dejó de pensar en su enfermedad. Allí mismo. Se puso bien.

Hoy en día, Robert está sano y disfruta de una vida plena y feliz. Los domingos solemos pintar juntos con nuestro amigo Oscar Vaca. Mi hermano aprendió la lección. Dejó de pensar en la muerte. Y lo mejor de todo es que dejó de tenerle miedo.

Demostrar el poder de la fe

Jesse Treviño experimentó el peor de los siete miedos, el de morir. Mientras sus compañeros en Vietnam caían a su alrededor y él veía como le disparaban, se temió lo peor. Luego sucedió. Al volver de una misión de búsqueda y destrucción, tropezó con una bomba-trampa. La explosión le lanzó por los aires hasta una altura de 40 pies. Aterrizó boca abajo en un arrozal cenagoso. Tenía la pierna derecha completamente doblada alrededor de la otra parte de su cuerpo. Lo que le quedaba del brazo derecho, casi mutilado a la altura del codo y colgando de un hilo, estaba en llamas. La sangre se le escapaba a borbotones. La principal arteria de su pierna estaba seccionada por la mitad. No podía moverse. Se estaba desangrando.

El soldado de primera clase Treviño sobrevivió gracias a la rápida acción de sus compañeros, que le arrastraron hasta un helicóptero y le transportaron hasta un hospital de campaña. Allí le cosieron y salvaron su vida. Pocos días después, estaba de regreso en San Antonio, en el Brooke Army Medical Center, donde pasaría dos años recuperándose.

Esos dos años en una cama, sin poder moverse, fueron para Jesse una maldición y una bendición a la vez. Por un lado, su inmovilidad le ponía furioso. Ya no tenía mano derecha, y ello le desesperaba. ¿Volvería a pintar? ¿Qué iba a hacer con su vida? Parecía que todo se había acabado.

Por otro lado, tuvo mucho tiempo para pensar. Su madre le visitó todos los días durante los dos años. A veces no hablaban, pero él sabía que estaba allí. Pensó sobre las cosas verdaderamente importantes de su vida. "Si pudiese volver a pintar, ¿qué pintaría?", se preguntaba.

Entonces tuvo una revelación. "Si aprendo a pintar otra vez con mi mano izquierda, ¡pintaré las cosas que más amo: mi familia y mi barrio!". Su fe había vuelto. Se prometió a sí mismo que empezaría de nuevo.

Tomó clases con artistas noveles en el *junior college* local[3]. Pintó murales de los horrores de la guerra a lo largo de las paredes de su habitación. Compuso un lienzo gigantesco para la Universidad de Nuestra Señora del Lago. Estudió un Máster. Luego hizo su mayor descubrimiento: comprendió que el reto de volver a aprender a pintar no era tan difícil como había imaginado. El talento y el conocimiento necesarios para pintar estaban en su cabeza. En su mente. En su corazón. No en su mano. ¡Siempre habían estado allí!

Jesse tuvo la fuerza suficiente para superar la derrota desarrollando un propósito fundamental basado en la fe. Y la aplicó. Creó las imágenes del éxito en su cabeza. Concibió el ser artista. Luego creyó en que iba a ser artista. Y finalmente, logró su sueño de convertirse en uno.

Tú puedes conseguir cualquier cosa que tu mente sea capaz de concebir y creer. La máxima de Hill se basa en tener fe en nuestra propia capacidad para alcanzar el éxito. Puedes creerlo o no. Sin fe, te perderás esta gran verdad. Con fe, se convertirá en realidad y cambiará tu vida.

Definir un propósito fundamental es el primer paso para sustituir una actitud mental negativa por una positiva. Si Jesse hubiese renunciado mientras estaba tendido en aquella cama de hospital, habría sucumbido a los sentimientos negativos y a la desesperanza. Él está convencido de que si no hubiese pisado aquella bomba-trampa, nunca habría llegado a ser el artista respetado e influyente que es actualmente. Aquel instante cambió su vida. A mejor.

Jesse Treviño también ha tenido altibajos en su ascenso hasta la cumbre del mundo artístico. No ha sido un viaje fácil. Pero ha mantenido la fe. Aunque hubo varios momentos en que estuvo a punto de perder la esperanza, algo dentro de él le empujó a continuar. Ese algo era su fe. Y su capacidad para aplicarla.

---

[3] Institución de enseñanza superior enfocada a cursos profesionales y a diplomas de dos años. En este caso, los créditos pueden transferirse a una universidad de cuatro años de cara al título de licenciado (B.A., B.S.). (Nota del traductor).

6

Siempre un poco más
—Alberto Gonzales

Ir más lejos o hacer más de lo que la gente espera de ti es un concepto increíble. Cuando se pone en práctica con la actitud correcta, produce una inmediata explosión de resultados. En mi opinión, es uno de los principios más importantes de la filosofía de Napoleón Hill. Este principio es uno de los que he llegado verdaderamente a dominar a lo largo de los años. Los otros tres son tener una actitud mental positiva, la definición de un propósito fundamental y la alianza de mentes maestras. Incluso les puse un nombre: Las Cuatro Grandes Ventanas al Éxito.

Si eres capaz de dominar estos cuatro, los otros 13 vendrán solos. Tu subconsciente y tu mente consciente los aceptarán como algo verdadero y te permitirán capturar la magia y conquistar tu propósito fundamental según el plan previsto. No pasa un día que no piense conscientemente en ponerlos en práctica. Están ahí para que los utilicemos. Los podrás recordar mejor con esta regla: P de positiva, P de propósito, M de mentes maestras y M de más lejos: PPMM.

Napoleón Hill describe el ir más lejos como: "Proporcionar un servicio mayor y mejor del que se cobra y hacerlo consistentemente con una actitud mental positiva". Si haces esto, dice Hill, se multiplicarán las utilidades de tu inversión. Es otra manera de decir: "Da y recibirás".

Examinemos atentamente el principio de Hill. Las expectativas hacia ti son muy altas.

1. Haz más que lo que se espera de ti.
2. Hazlo todos los días.
3. Hazlo de buen humor.

Pero la recompensa también se multiplica.

1. Recibirás todo lo que das.
2. Multiplicado muchas veces.

Podría concluir este capítulo aquí y decir: "Esto es todo lo que necesitas saber. Sigue estos tres pasos y verás cómo suceden cosas mágicas". Pero si lo hiciese, tú no llegarías a saborear algunos de las mejores y más dramáticos ejemplos de cómo este principio puede cambiar tu vida.

Asombra a tus amigos y a tus jefes

El principio de hacer siempre más de lo esperado lo aprendí durante mi quinta semana en la Escuela Para el Éxito Personal del Sr. Hill. Fue una lección que nunca olvidé. "Haz más que lo que se espera de ti. Hazlo todos los días. Hazlo con una sonrisa". Dado que la promesa de recompensa era tan fuerte, decidí intentarlo en cuerpo y alma. Resolví trabajar dos horas más todos los días sin cobrar paga extra, sólo el salario mínimo que tenía como diseñador de letreros en Texas Neon Sign Company, en la calle Josephine de San Antonio. Hice eso cinco días a la semana durante un año entero. Y lo hice con una gran sonrisa en mi cara.

Luego de un par de días de quedarme hasta tarde en la planta, mi supervisor se me acercó y me dijo: "¿Quién autorizó estas horas extras?"

"No son horas extras, Sr. Tripp", le respondí. "Ponché la salida a las 4:30. Voy a trabajar dos horas más cada día durante un año entero".

"¿Por qué?"

"Quiero hacerme rico".

"¿Crees que te harás rico trabajando sin recibir nada a cambio?"

"Napoleón Hill dijo que me haría rico haciendo más que lo que la gente espera de mí", le respondí mientras volvía a mi trabajo.

El Sr. Tripp sacudió la cabeza. Seguro que pensó: "Este muchacho es muy raro". Sin embargo, aunque ponía en duda mi salud mental, me siguió animando. Todos los días a las 6 de la tarde, al abandonar la fábrica, me saludaba con la mano. "Comprueba que todo queda cerrado y las luces apagadas, ¿OK?", me decía.

Empleé esas dos horas diarias en el diseño y construcción de unos moldes de madera para fabricar letras de plástico en relieve y a medida. En la ciudad no había nadie que lo hiciera, así que las letras a medida de tres dimensiones eran un invento exclusivo de Texas Neon Sign Company. ¡Podíamos duplicar logos, fotografías y cualquier tipo de letra imaginable en tres dimensiones! Todos los rótulos a medida que éramos capaces de fabricar los vendíamos. Vendíamos mucho más que nuestros rivales, a quienes les llevó años acercarse a nuestro nivel. Me aumentaron el sueldo. Luego más. Y más. Muy pronto ganaba tanto como mis compañeros que llevaban en el trabajo 20 años. La competencia me ofreció una posición todavía mejor, y yo acepté la oferta. Pero Jack Ryan, el propietario de Texas Neon, me hizo una contraoferta que no pude rechazar: otro aumento y mi propio despacho.

Si haces más que lo que la gente espera de ti, sobresaldrás de entre la multitud. Te verán. La gente hablará de ti. Avanzarás más rápidamente. Eso es cierto porque muy poca gente está dispuesta a asumir el esfuerzo que supone hacer todos los días algo más que lo esperado. De hecho, muchas veces es justo lo contrario: normalmente hacen tan poco como pueden para pasar el día.

El fenómeno Alberto Gonzales

El procurador general de Estados Unidos, Alberto Gonzales, es un hombre muy modesto. Totalmente sobrio y con los pies en el suelo. Si te lo encontraras fuera de Washington, por ejemplo en el partido de fútbol de tus hijos, y no supieras quién es, pensarías que es el maestro de ciencias o el director de la escuela. Le conocí hace unos cinco años, en un partido de fútbol de Texas A&M en College Station. Durante el intermedio del partido me giré y reparé en él. Estaba sentando sólo, comiendo tranquilamente unos cacahuetes mientras docenas de *Aggies* [4] hablaban animadamente con sus vecinos de asiento, estableciendo contactos que les pudieran servir más tarde en sus negocios. Por aquel entonces Alberto no era una figura reconocida, aunque su trabajo era muy importante. Era magistrado de la Corte Suprema de Texas y antes había servido como secretario de Estado de Texas.

Su cara me pareció familiar, pero no sabía de qué. Me acerqué y me presenté: "Hola, soy Lionel Sosa", le dije extendiendo mi mano. "Ya sé quién es usted", me dijo con una ligera sonrisa. "Usted colaboró en la campaña de publicidad del gobernador. Me gusta su trabajo".

"Gracias", le respondí. "¿Y usted es . . . ?"

Cuando me dijo su nombre, me sentí azorado. Siendo latino y

---

[4] Apelativo con que se conoce a los fanáticos de la Universidad de Texas A&M. (Nota del traductor).

texano como yo, debía de haberle conocido. Todos los que estaban allá le conocían. "Lo siento", me disculpé.

Alberto es un caballero, y no se sintió ofendido. Charlamos un rato sobre su trabajo y de política, y esos pocos minutos de conversación me permitieron hacerme una idea de aquel hombre. Es inteligente. Es consciente de todo y de todos los que le rodean. Aprende muy rápido y no es muy amigo de las conversaciones superficiales. Es un hombre con una misión clara. La de centrarse en el trabajo que tiene entre manos en cada momento. La misión de ser el mejor en lo que hace.

Desde entonces, he aprendido que ha llegado tan lejos porque ha puesto en práctica el principio de hacer siempre algo más. Realmente hace más que lo que se espera de él. Y lo cumple todos los días a su manera, sin hacer ruido. Es una persona que prefiere pasar desapercibida y que sean sus acciones, con sus importantes repercusiones, las que hablen por sí mismas.

Raíces humildes, grandes sueños

Alberto nació en San Antonio, el segundo de ocho hijos, y se crió en Houston, en una casa de dos habitaciones donde todavía viven sus progenitores. A pesar de que éstos nunca pasaron del sexto grado, el padre de Alberto siempre insistió en la importancia de la educación para aprender una profesión (aunque no precisamente para obtener diplomas o títulos). En aquel entonces, la familia Gonzales todavía no concebía que alguien de los suyos fuera a la universidad. Pero el esfuerzo personal y hacer más que lo que se espera de uno, sí. "El trabajo duro es honor", decía su papá.

A los 12 años, cuando muchos niños de su edad estaban jugando en la calle, Alberto estaba trabajando, haciendo más que lo que se esperaba de él. Los sábados iba al estadio de la Universidad de Rice, cercano a su hogar, a vender soda, cacahuetes y palomitas de maíz. Mientras caminaba por el campus, con sus edificios cubiertos por enredaderas y sus senderos arbolados, empezó a preguntase: "A lo mejor este es mi sitio. Qué ocurriría si... Bueno, probablemente no... Pero ¿quién sabe?".

De alguna forma, su presencia en este hermoso y plácido campus, observando a los orgullosos y determinados estudiantes yendo de una clase a la siguiente, le dejó una huella muy marcada. Comenzó a verse a sí mismo como uno de ellos. Al principio su fantasía parecía imposible. Pero, a pesar de todo, había empezado a soñar.

En la escuela secundaria eligió asignaturas muy difíciles y consiguió su diploma. Sus padres se sintieron enormemente orgullosos cuando se graduó. Era mucho más que lo que ellos habían logrado. La tradición familiar de trabajar duro y hacer un poco más ahora tomaba un curso diferente: el de la educación. Aunque todavía no fuese evidente. Después de acabar la secundaria, Alberto y un amigo suyo se alistaron en la Fuerza Aérea, donde pensaban que podían ganarse la vida razonablemente bien al tiempo que aprendían una profesión. La Fuerza Aérea exigía a todos los reclutas pasar un período destinados lejos de su base de origen. Luego del período de entrenamiento, Alberto eligió ir a Fort Yukon, Alaska, 60 millas al norte del Círculo Ártico. Entonces todavía no lo sabía, pero acababa de tomar la decisión de su vida.

En Fort Yukon había sólo 100 soldados. Dos de ellos habían ido a la Academia de la Fuerza Aérea, y los dos vieron algo en Alberto. Además de su talento e inteligencia, tenía el hábito de trabajar más duro y por más tiempo que lo que nadie esperaba. Siempre que podía hacía un poco más. Tenía lo que había que tener para triunfar como oficial de la Fuerza Aérea.

Los dos graduados de la Academia le animaron para que solicitara plaza en ella. Pronto, los 100 soldados de la base decidieron ayudarle. Unos escribieron cartas a varios congresistas; otros le trasladaron en avión a un puesto del Ejército para que realizara las pruebas físicas; y otros más se encargaron de traer a un examinador a

Anchorage para que le administrara las pruebas ACT y SAT. Todos contribuyeron con algo. Al final, Alberto logró que le admitieran e ingresó en la Academia.

Ahora tenía la ocasión de probarse en una de las instituciones de enseñanza más prestigiosas del país: la Academia de la Fuerza Aérea. Tras dos años de cursos intensivos en física e historia militar, sus sueños de ser piloto dieron paso a los de convertirse en abogado. Solicitó y le fue aceptado el traslado a la Universidad de Rice, el mismo lugar en el que sólo unos pocos años atrás solía vender cacahuetes. Ahora iba a ser un estudiante más, precisamente en el mismo lugar donde habían nacido sus sueños de ir a la universidad.

Luego de graduarse con honores, Alberto optó entre varias facultades de Derecho y se decidió por Harvard. Estudiar en esta universidad le permitió vivir en el noreste del país y cotejarse con las mentes legales más brillantes de Estados Unidos. Al graduarse de Harvard, la firma de Houston Vincent and Elkins le ofreció entrar en su despacho de abogados. En 1995, se convirtió en uno de los dos primeros socios de la firma pertenecientes a una minoría.

Pero Alberto no podía quedarse quieto. Buscaba nuevos retos. El hábito de hacer siempre un poco más era ya algo intrínseco a él, como antes había sido parte de la ética de trabajo de sus padres. Ahora quería dar un giro a su carrera y llevarla en una dirección en la que pudiera ayudar a la comunidad. El nuevo gobernador de Texas, George W. Bush, le ofreció la oportunidad. Su asociación llegaría a hacer historia.

Alberto se convirtió en el principal asesor legal de Bush durante su primer mandato como gobernador. En 1997, fue nombrado secretario de Estado, y en 1999 elevado a la Corte Suprema de Texas. Cuando Bush fue elegido presidente, le pidió a Gonzales que sirviera como consejero legal de la Casa Blanca, un cargo que comporta la responsabilidad de asesorar al presidente en todas las cuestiones jurídicas relacionadas con su Oficina Ejecutiva y la Casa Blanca. Finalmente, Alberto Gonzales progresó hasta lo más alto de su profesión cuando fue llamado por el presidente a ocupar el cargo de procurador general de los Estados Unidos. Esto le convirtió en el máximo responsable del cumplimiento de la ley en el país, una posición que también ocupó Robert Kennedy durante la presidencia de su hermano, John F. Kennedy.

Y todo esto lo consiguió un hombre modesto, de un hogar modesto, que pone en práctica el principio de hacer un poco más todos los días. Siempre.

Sólo los más listos se dan cuenta

En mi opinión, hacer siempre un poco más es el principio más fácil de poner en práctica. ¡Es algo fascinante! Todo lo que te exige es hacer más que lo que te pagan por hacer. Hazlo todos los días. Hazlo con una actitud positiva. Además, es el principio que más te da en menos tiempo. Lo digo porque lo he visto una y otra vez.

Uno de los ejemplos más memorables de este principio es Antonio Rivera, un hombre de corta estatura, afable, con un ligero bigote y cabello fino y plateado peinado para atrás. Tony vivía en el valle del río Grande, en Texas, y era vendedor de muebles. Ya sabes, uno de esos tipos que vienen corriendo hacia ti el momento que entras en la tienda. "¿En qué le puedo servir?" es normalmente su primera pregunta.

Tony empezó como muchos otros vendedores jóvenes, aceptando un empleo en una tienda de su pueblo para vender lo que pudiera. Era una tienda familiar, y había cinco vendedores. Siempre que entraba un nuevo cliente le atendía un vendedor diferente. Se turnaban; llamaban a cada turno un "paso".

"¡Es mi paso!"

"¡No, es el mío!"

"Saliste a fumar. ¡Perdiste tu paso!"

"¡Pinche bato. Tramposo!"

Había veces que se peleaban delante de los clientes como perros en busca de las sobras de un festín. Los primeros años, mientras aprendía el negocio, Tony se comportaba como ellos, pero luego se dio cuenta de algo. En vez de hacer una venta rápida y volver a la cola para aguardar su paso, probó algo distinto. Buscó hacer algo más, ir más lejos. Ahora se tomaba más tiempo para atender a sus clientes, tanto como ellos querían. Les acompañaba por la tienda mientras compraban, dándoles sugerencias y consejos para decorar sus casas.

No siempre compraban a la primera, pero cuando regresaban preguntaban por Tony. La regla de la tienda era que si el cliente pedía que le sirviese un vendedor en concreto, no importaba a quién le correspondía el paso: había que aceptar lo que solicitaba el cliente. Cada vez había más gente que preguntaba por Tony. A veces se pasaba horas con algunos clientes. Disfrutaba con ello. Aunque al final sólo vendiese una pequeña lámpara.

Tony se dio cuenta de que cuanto más tiempo pasaba con sus clientes, más altas eran sus comisiones. Se convirtió en el mejor vendedor de la tienda, pero no se detuvo. Al contrario, buscó fórmulas para mejorar aún más sus prestaciones.

"Qué más puedo hacer?", se preguntó. Y tuvo otra idea. Comenzó a guardar un registro de todos los artículos que compraba cada cliente. Incluso se ofreció a ir a sus casas para comprobar que el sofá, el sillón o la alfombra que habían adquirido encajaba perfectamente en sus hogares. Dibujaba esquemas de cada habitación para tener un registro más completo. Luego observaba los nuevos muebles que llegaban a la tienda y analizaba si les gustarían a sus clientes. Si pensaba que algún artículo y su precio eran adecuados para alguien en particular, le llamaba y le daba prioridad para hacerse con él.

"Acabamos de recibir un sillón que se veía perfecto en su dormitorio. Es del estilo que le gusta a usted. El color hace juego con las cortinas, y el precio es una ganga. ¿Quiere acercarse por aquí o prefiere que se lo lleve en mi camioneta para que lo pueda ver en la misma habitación?".

"¿Haría usted eso por mí?".

"Seguro que sí. Usted es mi cliente. Quiero darle a usted la oportunidad de comprarlo antes que nadie. ¡Creo que le encantará!".

No se detuvo ahí

Tony ya no tenía que preocuparse de estar en la delantera de la tienda aguardando su paso. Ahora se quedaba en la parte de atrás. Telefoneaba a sus clientes, abría las cajas que llegaban para ver las nuevas piezas y calculaba en la casa de quién irían mejor. Todos los días, hacía docenas de llamadas y visitaba dos o tres casas para dibujar nuevos planos de las habitaciones y poner al día sus datos. Siempre que la tienda organizaba una promoción, Tony llamaba a sus clientes favoritos para informarles de las mejores ofertas.

Los otros vendedores estaban realmente impresionados con la habilidad de Tony y sus crecientes ingresos. Se daban cuenta de que hacía algo más todos los días, de que iba un poco más lejos. Le veían hacer todas esas llamadas y quedarse trabajando hasta tarde, y todo ello sin perder la sonrisa. Se fijaron también en los archivos donde guardaba los datos de sus clientes, que ahora ocupaban una docena de cuadernos de tres anillas. Cuando le preguntaron cómo lo hacía, Tony se lo dijo. Les demostró exactamente cómo también ellos podían hacer lo mismo. Tony fue tan lejos con la idea de hacer siempre algo más que incluso reveló "sus secretos" a sus compañeros.

¿Saben qué? Nadie le imitó. Quizás pensaron que era demasiado trabajo. O que sus funciones no llegaban hasta ahí, que nadie se lo exigía. Yo pienso que sus hábitos fueron más fuertes que su deseo de triunfar. Así que regresaron a hacer lo que siempre habían hecho: sentarse cerca de la entrada, tomando café, mientras aguardaban nerviosamente a que llegara su paso. Mientras, Tony realizaba el 60% de las ventas de la tienda.

Los demás nunca vieron sus cheques. Si los hubieran visto es posible que también habrían probado su técnica. Pero también es posible que no. Sólo un 2% de la población aplica los 17 principios del éxito personal para alcanzar su propósito fundamental. ¿Tú formas parte de ese 2%?

Cuando Tony se retiró, hace un par de años, regaló sus archivos al equipo de ventas que quedó en la tienda. Hace algún tiempo que no paso por allí, pero me pregunto a menudo si habrán caído en manos de un *nuevo Tony*.

7

Iniciativa personal
—Raúl Romero

"Hay dos tipos de individuos que nunca llegan a ser nada", le dijo una vez Andrew Carnegie a Napoleón Hill, "los que sólo hacen lo que les dicen y aquellos que no saben (o no quieren) hacer lo que deben".

Todos conocemos personas que tratan de avanzar en la vida sin hacer demasiado esfuerzo. No van muy lejos. Quienes logran el éxito comprenden que para obtener algo que merezca la pena *tienen que hacer algo que merezca la pena*. La gente que triunfa tiene la costumbre de hacer siempre más que lo que le piden. No esperan a que le lluevan las oportunidades. *Ponen en marcha su propia iniciativa para conseguir lo que desean.*

La iniciativa personal genera éxitos allí donde otros fracasan

Durante la campaña presidencial de 2000, George W. Bush decidió que fueran los latinos quienes dieran la bienvenida oficial a la

Convención Republicana de Filadelfia. Ningún candidato, de ningún partido, había tenido este gesto anteriormente. "Haremos que el primer evento de la semana tenga color latino. Empezaremos la convención con una gran fiesta de salsa", les dijo Bush a los organizadores.

Se convocó una reunión, y mi esposa, Kathy, y yo fuimos para ayudar con el diseño de los elementos gráficos, concebir un eslogan para el acto y realizar un vídeo. Todo el mundo tenía unas ideas excelentes. "¡Traigamos a las estrellas más grandes que podamos encontrar!"

"Excelente. ¿Qué tal Ricky Martin, Gloria Estefan, Emilio Estefan y Celia Cruz?"

"Perfecto. Deberíamos tener también dos orquestas de salsa y pedirle a Jon Secada que cante *América* en versión bilingüe".

"Tenemos que buscar un lugar para hacer el concierto".

"¿Qué les parece el museo de arte, donde Rocky sube las escaleras en la película?"

Beth Sturgeon, la persona encargada de la recaudación de fondos, no paraba de hacer números. "¡Parece que esta fiesta nos va a costar $1 millón! Y eso asumiendo que alguno de los que estamos aquí logre persuadir a todos estos famosos de que donen su tiempo. Sólo las medidas de seguridad van a costar una fortuna. ¿De dónde vamos a sacar el dinero?"

"¿No hay nada presupuestado?", pregunté.

"No. Tenemos que conseguirlo. ¡Y nos quedan siete semanas!"

Justo en aquel momento, todas las miradas se giraron hacia el centro de la mesa. Allá estaba sentado Raúl Romero, un hombre en sus 40, jovial, y de porte elegante y distinguido; siempre sonriente. Todos lo conocíamos, y también su reputación. Raúl había sido el primer *Pionero* latino de Bush, como se denominaba a alguien que había recaudado $100,000 para su campaña.

"Podemos hacerlo", dijo con una gran sonrisa. "Yo conseguiré ese millón. Ustedes, organícenlo". La planificación del evento era una cosa, pero conseguir $1 millón en siete semanas otra muy distinta. Sin embargo, si alguien podía hacerlo, ése era Raúl. Antes de acabar la reunión, nos dividimos las tareas y nos pusimos a trabajar.

Un mes más tarde, nos volvimos a reunir para reportar nuestro progreso. La sonrisa de Raúl era aún más grande de lo habitual. "Damas y caballeros", dijo, "tenemos un millón setecientos mil dólares en la alcancía. ¡Hagamos una fiesta!"

¡Y vaya fiesta que hicimos! Allí estaban las dos orquestas y todas las estrellas. Coros de niños y niñas cantaron con Jon Secada la versión bilingüe de *América*. La plaza del museo estaba abarrotada de latinos entusiasmados y ciudadanos de Filadelfia. Cuando George W. Bush hizo su entrada, la prensa mundial estaba de testigo para transmitir el mensaje a todo el planeta.

Fue un día memorable. Nunca antes en la historia de la política estadounidense los latinos habían inaugurado una convención nacional y dado la bienvenida a un candidato presidencial. Raúl estaba entre la multitud, observando cómo se desarrollaban las festividades. La brillante sonrisa que se dibujaba en su rostro era reflejo de la magnitud histórica de este acontecimiento. Nada de aquello habría sucedido sin la genial intervención de Romero. Lo que hizo este hombre fue algo impresionante. Pero lo más increíble es que no se detuvo cuando llegó a $1 millón. Siguió adelante. Estaba en racha. Los donantes a los que llamaba querían participar. Estaban encantados de sacar sus chequeras y enviar dinero para esta causa. Y todo por la iniciativa personal de Raúl Romero.

Raúl hace cosas como éstas constantemente. Nunca espera a que le digan qué tiene que hacer. Recaudó los primeros $100,000 para George W. Bush porque quería ayudarle a ser presidente de Estados Unidos. Y los siguientes $1.7 millones porque vio la oportunidad de que el futuro presidente hiciera historia. Raúl Romero sabe lo que es tomar la iniciativa.

La iniciativa personal es contagiosa

Desde el momento en que Raúl dijo: "Yo conseguiré ese millón. Ustedes, organícenlo", todo el mundo en aquella sala se conjuró para lograr el objetivo. No cabía la excusa de decir: "No puedo hacer mi parte, es muy difícil". Raúl nos tenía *atrapados,* y lo sabíamos. También sabíamos que no nos defraudaría. Y sabíamos que no podíamos defraudarnos los unos a los otros. Y mucho menos a George W. Bush.

El equipo completo se puso manos a la obra. Warren Tichenor era el *gurú de los famosos,* la persona clave para conseguir a las celebridades, así como el hombre fuerte detrás del sector hispano del Partido Republicano. Había sido decano de la radio en español en Estados Unidos, y tenía el número de celular de todas las personalidades y celebridades latinas. Él podía traer a las más grandes a la fiesta. A tiempo y dentro del presupuesto.

Leonard Rodríguez y Brent Gilmore se encargaron de la seguridad y las entradas, de traer el público y de la señalización del evento. Ronnie Arredondo diseñó los elementos gráficos. César Martínez se encargó de que todas las pancartas, gráficos y vídeos estuviesen acabados y en su sitio. Abel Guerra se aseguró de que todos supiésemos nuestro cometido y llegáramos puntuales a la fiesta. Jennifer Bogart desplegó toda su experiencia y saber hacer para coordinar efectivamente el evento.

La iniciativa personal de Raúl es contagiosa. Da fuerzas a los que están a su alrededor y hace que todos crean en la meta a alcanzar. Hace posible lo imposible. Sin él, esta bienvenida especial e histórica al futuro presidente no habría existido. Después de todo, sin un millón para gastar no se puede organizar la fiesta del millón.

La iniciativa personal crea impulso

¿Cuál es la característica que engendra iniciativa personal en un individuo? ¿Por qué hay gente que la tiene y gente que no? ¿Nacemos con ella? ¿Podemos aprenderla? ¿Podemos tenerla y perderla? ¿Podemos cultivarla si no está presente? Estas son preguntas muy interesantes.

La falta de iniciativa personal y la pereza están íntimamente relacionadas. La gente perezosa o que no tiene iniciativa personal está satisfecha con las cosas como están. Si tú estás satisfecho con la pobreza, no vas a generar la iniciativa personal necesaria para llegar a ser rico. Si la música no es lo tuyo, no tendrás iniciativa para dedicarle todas las horas de práctica que requiere aprender a tocar bien un instrumento.

Puede que conozcas a algún adolescente al que le falta iniciativa. Los fines de semana duerme hasta el mediodía y le cuesta hacer sus trabajos, aunque se lo recuerden. Le encanta irse de fiesta, estar con sus amigos, tomarse prestado el coche familiar y quedarse hasta tarde por la noche mirando la TV, incluso durante la semana. ¿Por qué le falta iniciativa personal para cambiar a mejor? ¡Porque le gustan las cosas como están! Todo lo que tiene que hacer es soportar la lata de papá y mamá. ¿Por qué iba a querer cambiar? Tiene un lugar perfecto para comer, dormir, mirar la TV y relajarse. Inmejorable. En este caso no hay razón para desear el cambio. No hace falta iniciativa personal.

Cuando pasen algunos años, ese mismo adolescente puede ser muy diferente. Digamos que ahora vive sólo, no gana mucho dinero, lleva poca lana en el bolsillo y no tiene carro. Vive en un apartamento pequeño y atestado, con dos compañeros desordenados; casi todas las noches cena pizza o los restos de la del día anterior. A lo mejor decide que esa situación no le gusta. Sólo él tiene en sus manos la decisión de cambiar las cosas. Para hacerlo, tiene que ejercitar su iniciativa personal. Salir a la calle y buscarse un empleo con un buen sueldo para que las cosas se parezcan a lo que tenía cuando vivía con sus padres.

La iniciativa personal está presente en todos nosotros. *No es nada más que el ejercicio del libre albedrío, un regalo con el que nacemos.* Podemos emplearlo donde queramos y cuando queramos. La iniciativa personal puede cambiar cualquier cosa, desde un mal hábito hasta el curso de tu vida. Todo lo que tienes que hacer es decidirte a utilizarla.

La iniciativa personal crea el futuro

Los padres y abuelos de Raúl Romero influyeron mucho en su vida. Eran gentes que valoraban la educación y la importancia que ésta tendría para el futuro de Raúl. De hecho, vendieron la casa familiar en Panamá para poder enviarle a la universidad. Tenían un plan para él. Ese plan fue lo que les motivó a aplicar su iniciativa personal para sacrificar su propiedad. Sabían que tendría éxito.

Raulito había sido un estudiante excelente en Panamá. Siempre fue el primero de su clase. Sus padres le animaron a estudiar en la universidad inglesa de Cambridge, donde había sido aceptado. Era la época de las manifestaciones estudiantiles contra la guerra de Vietnam. "¿Y si Raúl se convierte en un *hippie* en Inglaterra?", se preguntaron.

Un tío que vivía en Estados Unidos tenía un hijo en la Universidad de Notre Dame. "No se preocupen. Envíenme a Raúl. Aquí estará de maravilla, y me encargaré de que se porte bien", les prometió". "Notre Dame cambió mi vida", dice Raúl. "Aquel lugar me dio unas raíces. Aprendí una profesión y, lo que es más importante, adquirí unos valores. La universidad fortaleció mi deseo de ser el mejor. Entendí que después de escalar una montaña hay que buscar otra más alta para subir".

Hace una pausa, sonríe y añade: "No espero a las oportunidades. Voy y las encuentro. Y luego me lanzo con todo. No hay atasco en la autopista que me impida avanzar siempre un poco más lejos". Napoleón Hill no lo habría dicho mejor.

Los principales atributos del éxito personal

Durante el tiempo que Napoleón Hill se pasó formulando sus principios para el éxito llegó a conocer a mucha gente extraordinaria. Lo que sigue a continuación es una lista de las cualidades que aparecen constantemente en sus observaciones. Algunas de ellas ya las he cubierto en el libro y otras aparecerán más adelante. Lo importante en este punto, dice Hill, es identificar estas características en ti mismo y pensar cómo las puedes aumentar y fortalecer:

1. Tener un propósito fundamental definido
2. Motivación para insistir sin descanso en la consecución de ese propósito
3. Una alianza de mentes maestras para lograr el propósito
4. Autosuficiencia
5. Autodisciplina
6. Perseverancia basada en la voluntad de triunfar
7. Imaginación bien desarrollada, controlada y dirigida
8. Hábito de tomar decisiones definitivas con rapidez
9. Hábito de basar las opiniones en hechos sabidos, no en suposiciones
10. Hábito de hacer siempre algo más
11. Capacidad para controlar el entusiasmo
12. Sentido del detalle bien desarrollado
13. Capacidad para escuchar las críticas sin resentimiento
14. Familiaridad con las diez motivaciones humanas básicas
15. Capacidad para concentrarse en una actividad cada vez

16. Disposición para asumir la total responsabilidad por las propias acciones
17. Disposición para aceptar la responsabilidad por los errores de los subordinados
18. Paciencia con subordinados y colaboradores
19. Reconocer los méritos y habilidades de los demás
20. Siempre tener una actitud mental positiva
21. Capacidad para poner en práctica la fe
22. Hábito de hacer las cosas hasta el final
23. Hábito de primar el esmero por encima de la rapidez
24. Fiabilidad

Cuando observo esta lista elaborada hace tanto tiempo, me maravillo de que siga siendo perfectamente válida en nuestra época. Y cuando la comparo con las cualidades que demuestra cada día Raúl, me maravilla el hecho de que sean idénticas.

El presidente Bush no se limitó a usar el talento de Raúl en la campaña. Quería que sirviera en su Administración. Le preguntó: "¿Qué quieres hacer?". Dadas las circunstancias, Raúl podría haberle pedido un puesto muy jugoso en el Gobierno, pero le respondió: "Sr. Presidente, me gustaría pasarme los próximos ocho años buscando los hispanos más talentosos para que puedan servir en su Administración".

Al presidente le pareció bien. Raúl se puso a trabajar con su dedicación habitual, y gracias a su esfuerzo ahora hay más latinos que nunca sirviendo en el Gobierno y en la Casa Blanca. Raúl Romero ha dejado ya un legado que no se olvidará. Y sólo acaba de empezar.

8

Actitud mental positiva —Linda Alvarado

La gente que tiene una actitud mental positiva puede superar grandes obstáculos. Tomemos el ejemplo de Bill Clinton. Como presidente, no dejó que un escándalo lo derrotara. Cuando el asunto de Mónica Lewinsky estaba en su máximo apogeo, se mantuvo concentrado en su trabajo. A pesar de la vorágine que se creó, él siempre se veía confiado y de buen humor. De hecho, dio uno de sus mejores discursos sobre El Estado de la Unión cuando la noticia de que estaba a punto de ser sometido a un juicio político ocupaba las portadas de todo el mundo.

Richard Nixon, por otro lado, no era una persona positiva. Su presidencia acabó con su dimisión, en gran parte debido a que permitió que su negatividad y desconfianza de la gente se adueñaran de él y condujeran al país al escándalo *Watergate*. Clinton sobrevivió al juicio político y Nixon renunció para no tener que enfrentarse a él. ¿La diferencia? Una actitud mental positiva.

Cómo se forja una actitud mental positiva

Napoleón Hill dice que tener una actitud mental positiva es el principio más importante de la ciencia del éxito, y yo estoy completamente de acuerdo. Este fascinante principio me fue útil desde el momento en que aprendí a aplicarlo, cuando tenía 23 años. Acababa de graduarme de la Escuela de Éxito Personal de Napoleón Hill, el curso donde aprendí los 17 principios del éxito personal sobre los que estás leyendo ahora. La idea de desarrollar y mantener una actitud mental positiva nos había sido grabada en el cerebro durante las 17 semanas del curso. Había llegado el momento de poner las enseñanzas en práctica.

Empecé por abrir mi propio negocio a tiempo parcial, un estudio de diseño gráfico. Mi plan inicial era hacer cada día ocho llamadas de ventas durante las dos semanas de vacaciones que tenía en el taller de letreros donde trabajaba. Llamé a algunas de las agencias de publicidad e imprentas más grandes e importantes de San Antonio y les dije que era el diseñador gráfico mejor, más rápido y más barato de la ciudad.

Jim Anderson, a la sazón gerente de Aylin Advertising, respondió a mi llamada y me dio mi primera oportunidad —y mi primer reto—: "Haz el acabado de las ilustraciones para estos tres avisos de revista", me dijo. "Tráeme el trabajo terminado y tu factura en un par de días. Veamos qué eres capaz de hacer".

¡Vaya! "¡Tengo un contrato!", pensé. Inmediatamente me fui a casa y realicé el encargo lo mejor y más rápido que pude.

Al día siguiente, adelantándome 24 horas al plazo, llevé los tres avisos a la oficina de Jim con una factura de $27 en la que ponía: "Tres anuncios, a $9 cada uno, total, $27". Todo el trabajo me había llevado menos de nueve horas. Para saber lo que tenía que cobrar tuve que hacer varios cálculos. En mi trabajo regular, Texas Neon, ganaba $1.10 por hora. Manteniendo una actitud mental positiva, decidí cobrar $3 a la hora por mi trabajo. No estaba muy seguro de ello, pero, ¿qué rayos?; lo máximo que podía decirme era: "Ni hablar".

Cuando le entregué el material, Jim le echó un vistazo. "Buen trabajo", me dijo. Luego miró la factura: "¿$27?. ¡Ni hablar!"

¡Ay! ¿Es que me había fallado mi actitud mental positiva? ¿La habría empleado mal?

"Escucha Lionel", me dijo en voz baja. "Tienes que cobrar más que esto. Tu trabajo vale por lo menos $100. Además, yo gano mi dinero añadiendo un 15% a las facturas de mis proveedores. Tengo que ganar al menos $15, y no sólo $5 y algunos centavos. Hazme una factura nueva, ¿de acuerdo?"

Me quedé boquiabierto. ¡Acababa de ganar $100 por un día de trabajo! Era el doble de lo que ganaba en una semana en el taller de letreros. En aquel momento, sentí un entusiasmo y una sensación de autoestima desconocidas. ¡Era increíble! Hasta entonces nunca había sentido nada parecido. Aquello me convirtió en un ferviente creyente del poder de la actitud mental. Me dio confianza en mí mismo. Me enseñó a pensar en grandes cosas.

La decisión es tuya

Una actitud mental positiva te traerá muchas cosas buenas a tu vida. Al hacer de ella un hábito puedes elegir el tipo de futuro que deseas. Si eliges desarrollar una actitud mental positiva, empezarás por disfrutar de una "conciencia del éxito" que te dotará de buena salud, tanto mental como física. Te dará independencia económica y tranquilidad en la vida. Desaparecerá el temor y aparecerán la fe y la confianza. Te ayudará a tener amistades duraderas y derribará las barreras y las limitaciones que tú mismo te imponías. Te concederá la sabiduría para comprenderte a ti mismo y a los demás.

Mucha gente decide no aprender a desarrollar una actitud mental positiva. Elige no ejercitar la autodisciplina necesaria para que forme parte de sus vidas. Las personas con una actitud mental negativa están condenadas a una vida miserable. Sufren problemas mentales y físicos de todo tipo. Se ven frenadas por las limitaciones que ellas mismas se imponen. Quedan atrapadas por la mediocridad. Tienen miedo y se preocupan innecesariamente. Se hacen víctimas de todas los estímulos negativos que encuentran. En pocas palabras, desperdician sus vidas y hacen poco por mejorar la condición humana.

"La decisión es tuya". Si no eliges tener una actitud mental positiva, estás eligiendo echar a perder tu verdadero potencial. No hay término medio, dice Hill, no puedes transigir.

¿Cuál será tu decisión?

La recompensa de una actitud mental positiva

Muchos de nosotros, como latinos, batallamos con el concepto de aprender *conscientemente* a desarrollar y sostener una actitud mental positiva. A muchos no nos parece algo natural. Nos entran dudas. ¿Y si desarrollo una actitud mental positiva y acumulo riquezas que no me merezco? ¿Y si no soy capaz de soportar todo el éxito que logre? ¿Y si mi familia y mis amigos me acusan de venderme? ¿No quiere decir todo esto que yo estaría *imponiendo* mis deseos por encima de los del Creador?

Buenas preguntas. Yo también me las hacía cuando era joven. Pasaron muchos años y mucho tiempo de análisis durante mi propia carrera en mercadeo hasta que descubrí por qué.

Como leíste en el Capítulo 1 de este libro, los valores esenciales de los latinos provienen del Catolicismo, la conquista española y el respeto por el *status quo*. Se espera de nosotros que seamos humildes, respetuosos y educados. A muchos se nos enseña que la gente rica es infeliz, cruel y avariciosa. Otros crecemos pensando que si seguimos siendo pobres, tenemos más probabilidades de ir al Cielo.

La sociedad latina en las Américas se desarrolló en torno a una visión clasista que separaba a la población indígena, más pobre, de sus conquistadores españoles, que integraban las clases más altas. Los españoles eran los rubios ricos y de piel clara. Los indios eran pobres y de piel oscura. Estoy exagerando para resaltar mi argumento, pero creo que ya te haces una idea.

De los medios de comunicación nos llegan todo tipo de mensajes positivos. *"Just do it! Be all that you can be. Have it your way"* ("¡Hazlo! Sé todo lo que puedas ser. Como tú quieras"). Como latinos, nos sentimos atraídos hacia estos mensajes aunque se basen en esquemas de valores diferentes a los nuestros. Sus raíces están en las enseñanzas del Puritanismo, Protestantismo y Calvinismo del mundo anglo: trabajo duro, éxito y riqueza basada en la habilidad individual y en el esfuerzo de cada uno. Los dos sistemas de valores tienen cosas muy valiosas. Podemos aprender a tomar algo de cada uno, según lo que necesitemos. Este libro te enseñará cómo.

Combinando los valores de las culturas para llegar al éxito

Los latinos y latinas más exitosos viven sus vidas combinando los valores propios de la cultura latina y de la anglo. Ellos eligen. Ellos deciden. Guardan lo que tiene que ver con la familia, el trabajo duro y la responsabilidad personal. Dejan de lado lo que tiene que ver con ser pobre, comportarse con demasiada humildad y no hacer nada de ruido.

Linda Alvarado es una de esas mujeres latinas. Es presidenta y jefa ejecutiva de Alvarado Construction. Su compañía es una de las más grandes del país, la más grande de las de su sector lideradas por una mujer. Alvarado Construction ha participado en la construcción del Centro de Convenciones de Colorado, el Aeropuerto Internacional de Denver y el nuevo estadio de los Denver Broncos.

Linda destrozó el *techo de cristal* tanto en el mundo corporativo como en sus negocios privados. Antes de cumplir los 30, ya era miembro del directorio del Norwest Bank. En pocos años, entró a formar parte de varios otros directorios de compañías del Fortune 500, entre las que estaban Qwest Communications, Pepsi Bottling Group, 3M, Pitney Bowes y Lennox International. A los 39 años, hizo historia al convertirse en la mujer más joven en adquirir una participación en un equipo de béisbol de las ligas mayores, los Colorado Rockies.

A la vista del éxito conseguido a una edad tan joven, uno podría pensar que esta mujer heredó la compañía de construcción de su padre; ¿a lo mejor nació con una cuchara de plata en la boca? Pues, no. Linda es la única mujer de una familia muy modesta de seis hermanos. De niña, en su casa no había agua corriente. Si aplicásemos el baremo estadístico que emplea el Gobierno, diríamos que su familia vivía en la pobreza. Pero según sus propios criterios, la familia estaba viviendo el *sueño americano*. En la tierra de las oportunidades.

Los Alvarado eran Bautistas. El padre de Linda era un hombre orgulloso de origen español, con una mente ágil y una actitud positiva. "No tenemos mucho", decía, "pero tenemos más que muchos". Él lo veía así.

En Navidades y el Día de Acción de Gracias, el papá de Linda reunía a toda la familia y la llevaba a repartir comida entre los menos afortunados. En la casa de los Alvarado se tomaban muy en serio lo de ayudar a los necesitados. "Cuidar de los demás es una demostración de lo que vales como persona", decía su padre. Su madre asentía, y añadía: "No es el dinero lo que mide quién eres, sino cómo ayudas a los demás".

El 2% que alcanza el éxito

Dice Napoleón Hill que la mayoría de la gente no percibe la diferencia que hay entre desear y creer. Eso se debe a que muchas personas *confunden tener un deseo con tener un objetivo. Desean* tener su propio negocio. *Desean* tocar el piano. *Desean* regresar a la universidad. No saben que hay seis pasos que deben cumplir para ayudar a sus mentes a cumplir esos deseos. Son estos:

1. Primero hay que *desear* el éxito.
2. Luego hay que *anhelarlo.*
3. Ahora *esperas* lograrlo.
4. Posteriormente empiezas a *creer* que puedes lograrlo.
5. Lo siguiente es *tener la expectativa de* que llegará.
6. Finalmente lo *consigues.*

La mayoría de la gente pasa por la vida *deseando* que les llegue el éxito, sin hacer nada más.

El 10% transforma su deseo en un verdadero *anhelo.* Piensa constantemente en lo que quiere pero no hace nada más.

El 8% da un paso más. Moldean sus deseos y anhelos en *esperanzas.*

El 6% traduce la esperanza en *creer* realmente que lo que quiere sucederá.

El 4% cristaliza esa convicción en una *expectativa* de que llegará a su meta.

Sólo el 2% da el paso definitivo hacia la *consecución* de su objetivo.

¿Estás tú en ese 2%? Probablemente, sí. La prueba es que has llegado hasta aquí en el libro.

Una de los chicos

Linda Alvarado está claramente en ese 2% de la población estadounidense que logra el éxito. Por lo que a ella respecta, crecer en una familia con cinco hermanos y ser la única niña tenía muchas más ventajas que desventajas. Aprendió a ser competitiva; a ser deportista; a entender el poder que da negociar con hombres. También aprendió mucho sobre las sutilezas de la psicología masculina, como el humor y los juegos para ver quién es *más* (más fuerte, más listo, más hábil). La clave fue aprender la manera que tienen los hombres de gastarse bromas y hacer chistes. Esta *información confidencial* la preparó para operar —y prosperar— en un mundo empresarial tremendamente competitivo y dominado por hombres.

Vivir en un hogar mayoritariamente masculino —y sobrevivir— le sirvió a Linda para desarrollar su autoestima y elevar su espíritu competitivo. Y como sus hermanos siempre querían ganarla en todo, tuvo que esforzarse especialmente para vencerlos. Cuando lo hacía, tanto en el deporte como en el escuela, aumentaba su autoconfianza. "Puedo hacer más que lo que la gente espera de mí", pensaba.

El Sr. y la Sra. Alvarado alentaban esta rivalidad entre hermanos, especialmente en los deportes. La veían como una oportunidad para transmitir a sus hijos que era mejor ganar, pero no excluyendo, sino incluyendo. Les enseñaron a obedecer las reglas del juego, a moverse de una posición a otra del tablero, pero siempre sin salirse de las reglas —ni del partido—. El clan Alvarado también aprendió a olvidarse de la culpa —y a no echarla a los demás, ni a autoflagelarse— cuando se les caía la pelota o perdían un juego.

Los hermanos veían a Linda como a *una* de los chicos. La cuestión era si recibiría el mismo respeto de los hombres en el mundo profesional. Adivina la respuesta.

No.

Tampoco era muy sorprendente, teniendo en cuenta que Linda decidió entrar en el sector de la construcción, el paradigma del hombre-macho. "¿Qué quieres probar?", le preguntaban.

"Puedo construir cualquier cosa. He levantado fuertes en mi patio trasero", respondía ella.

"Entonces quédate a jugar en tu patio trasero, niñita", era la cortante y humillante respuesta.

Linda no regresó a su patio. Quería jugar como siempre lo había hecho, con los chicos.

Una actitud mental positiva
transforma un No en un Sí

Todos los días, Linda buscaba en los periódicos trabajos en la construcción. Le ofrecieron empleos a tiempo parcial podando césped y ayudando con labores de jardinería, pero ella siempre declinó. Sólo aceptaría un verdadero trabajo en la construcción. Rellenó innumerables aplicaciones y tuvo docenas de entrevistas. Recibió muchos "nos".

"¿Qué haces aquí?"

"Estoy aquí por el trabajo", anunció en una entrevista en concreto.

"Pero eres una muchacha".

"Puedo hacer este trabajo. Además, estoy mirando su anuncio. ¿Dónde dice aquí que sólo aceptan hombres?"

"OK. En esta empresa damos igualdad de oportunidades a todos. Te daremos una oportunidad también a ti".

A pesar de la resistencia, Linda fue contratada. El capataz estaba convencido de que si le hacía la vida imposible, acabaría renunciando. Le dio los trabajos más duros, los más sucios. Tuvo los supervisores más desagradables. Pero ella se mantuvo firme en su puesto. La sostenía su actitud mental positiva. Y su propósito fundamental.

Por la tardes, Linda tomaba clases en topografía, planificación y estimación. Mientras estudiaba en el *community college* [5] local, se le ocurrió la idea de montar su propio negocio. Tenía poco más de 20 años y andaba sin dinero. Tampoco tenía crédito. Ni avales. Ni contactos. Ni contratos. Pero tenía una idea. Primero colgó su letrero: *L.G. Alvarado Construction.* Luego empezó a llamar a los grandes contratistas para convencerles de que le dejaran hacer pequeños trabajos, como los bordes de las aceras, en sus nuevas urbanizaciones.

---

[5] Similar a un *junior college.* Ver nota 3.

"Usted no corre ningún riesgo", le explicó sonriente a uno de ellos en una entrevista. "Incluso le dejaré a usted pagar directamente a la cementera. Así se ahorrará mi 20% de recargo. Usted gana más dinero, y yo gano la oportunidad de demostrar lo que puedo hacer. Usted gana. Yo gano. Sólo le pido que mire mi oferta".

El precio de Linda era tan razonable que el contratista no pudo decir que no. Aceptó su oferta, y ¡Alvarado Construction se puso en marcha! Lo que aquel tipo no sabía era que Linda no habría podido pagar el cemento porque no tenía crédito. De una manera muy interesante y creativa por parte de Linda, aquel contratista contribuyó a financiar Alvarado Construction. La jugada no podía haber salido mejor.

La construcción de bordillos de cemento se convirtió en el pan y la mantequilla de Linda. Iba detrás de todos los contratos que podía, pero los más grandes todavía se le escapaban. Para obtenerlos tendría que conseguir capital suficiente para contratar más personal y comprar más materiales. Fue entonces cuando sus padres acudieron a rescatarla. La habían visto trabajar y tenían claro que su hija iba en serio. De modo que hipotecaron su casa a una tasa de interés alta y le prestaron $2,500.

La compañía empezó a crecer cuando recibió el encargo de construir las marquesinas de las paradas de autobuses de toda la ciudad. Increíblemente, esta latina relativamente inexperta captaba a los mejores trabajadores de la zona. Se sentían atraídos por su cultura familiar y positiva; les inspiraba su deseo de ser la mejor.

Era mujer. ¿Y qué? Era joven. ¿Y qué? Linda demostraba todos los días que podía trabajar tan duro como los hombres y dirigir tan bien como cualquiera.

"Puedes ver que la actitud mental positiva se basa en muchos de los principios esenciales del éxito personal y los refuerza", dice Napoleón Hill. Linda Alvarado es un claro ejemplo.

9

Entusiasmo controlado —Sara Martínez Tucker

El entusiasmo es el combustible que nos alimenta mientras proseguimos el camino hacia nuestro propósito fundamental. Napoleón Hill lo asimila a la gasolina: si se emplea adecuadamente, nos lleva a nuestro destino. Pero ¡cuidado!, si combustiona mal o demasiado pronto, el resultado puede ser desastroso. El propósito fundamental que has definido podría volar por los aires.

Yo me topo con personas entusiastas todos los días. Las que tienen éxito son las que encauzan ese entusiasmo de forma calculada. No siempre es evidente a los ojos, pero siempre se siente. Parece que tienen una habilidad especial para utilizar su gasolina eficazmente. La gente que se queda corta en su carrera al éxito es la que aferra una idea, muchas veces la primera que encuentra, y se lanza a por ella. Asumen que si es suya, la idea tiene que ser genial y no se paran a pensar en las trabas y en las oportunidades que se pueden alzar ante ellos. Otras personas son capaces de arruinar una buena idea con un celo exagerado por sacarla adelante.

Los peligros del entusiasmo descontrolado

Aplicar entusiasmo sin reflexión es algo que ocurre constantemente. Ocurrió en proporciones epidémicas durante la locura de las puntocom de finales de 1990. La codicia generó un entusiasmo desbordado por el dinero como nunca antes se había visto. La gasolina del entusiasmo se derramó como un camión volcado en la cuneta y dio fuego al mercado bursátil. Para cuando el fuego se hubo consumido, millones de inversionistas habían perdido miles de millones de dólares. Fortunas enteras desaparecieron. Multimillonarios se convirtieron en mendigos y muchos pequeños especuladores en Bolsa perdieron los ahorros de toda la vida.

Hubo inversionistas muy listos que también se dejaron atrapar en la vorágine porque pensaron que Internet era el futuro, una nueva categoría de negocio que no acababan de entender. Al final, resultó que Internet es una *vía* para hacer negocios, no un negocio en sí mismo.

Los beneficios del entusiasmo controlado

Pero no todo el mundo se creyó la mentira. Warren Buffett, el inversionista por excelencia de Estados Unidos, no mordió el anzuelo. Nunca acabó de entender la razón de invertir en compañías desprovistas de un plan para llegar a obtener ganancias. Y tenía razón. La mayoría de la gente estaba equivocada. Buffett se negó a dejar que su entusiasmo por invertir en el mercado bursátil le llevara por el camino equivocado. Siguió haciendo lo que siempre había hecho: invertir en compañías con potencial y con un método sólido de operar en los negocios. No sólo mantuvo su fortuna, sino que la aumentó.

Ted Turner, el creador de CNN, es un hombre que se entusiasma con todos los proyectos que acomete. Suele llegar a buenas conclusiones porque es un observador certero. Y tiene éxito. Hace aproximadamente 20 años, llegó a la conclusión de que el mundo necesitaba un canal de noticias que funcionara las 24 horas del día *porque él mismo lo necesitaba*. Turner quería tener la posibilidad de ver las noticias vespertinas a cualquier hora que volviera a su casa de trabajar. Como normalmente se quedaba hasta tarde en la oficina, para cuando llegaba a la casa, las noticias de las 6 p.m. ya habían concluido.

Supuso que no era la única persona en el mundo que necesitaba tener acceso a la televisión y a las noticias a medianoche o a cualquier otra hora del día. Tenía razón. CNN era una idea madura para los tiempos que corrían, y se hizo realidad como resultado del entusiasmo de Turner por ella. Ese entusiasmo deliberado, calculado, impulsó su propósito fundamental y cambió para siempre la manera de ver las noticias en todo el mundo.

Cómo generar entusiasmo controlado

Sara Martínez Tucker preside el Fondo Hispano de Becas (Hispanic Scholarship Fund, HSF), y es el mejor ejemplo que conozco de entusiasmo controlado. Esta mujer tiene una misión muy clara. Su propósito fundamental es contribuir a fortalecer Estados Unidos mediante el aumento de las oportunidades educativas para los latinos.

La primera vez que la vi dar una presentación en beneficio del Fondo, me quedé impresionado por su saber estar, su dominio de la materia y su poder de comunicación. Yo vengo del mundo de la publicidad, y he asistido a cientos de presentaciones de primer nivel realizadas en las más altas instancias, tanto de los negocios como de la administración. Pero ninguna fue tan buena como las que hace Sara.

Cuando entra en la sala, se muestra tranquila, amable, segura de sí misma y viene exquisitamente vestida. Mantiene su entusiasmo perfectamente controlado. Sabe los nombres de la gente en la audiencia. Conoce su posición, su experiencia y, muchas veces, datos de su vida personal. Sabe exactamente lo que quiere conseguir en la reunión y lo deja claro desde el principio. Habla con voz clara y con un estilo que cautiva al grupo; cuenta historias relevantes y ofrece información pertinente. No emplea notas. Los datos que aporta son exactos, completos y se los sabe de memoria. Interpreta hábilmente el lenguaje corporal y acaba convirtiendo a todos, con mucho tacto, a la causa del Fondo. Al llegar al final de la presentación, los extraños se han hecho amigos y se ha cerrado la venta.

Bajo su dirección, el HSF ha pasado de otorgar $3 millones en becas al año a más de $100 millones en los últimos cuatro. Sara tomó las riendas de una organización pequeña que pasaba por dificultades y, con la ayuda de su alianza de mentes maestras y un equipo de primera línea, la hizo crecer hasta convertirla en una de las instituciones latinas más respetadas en todo el país. El presidente, George W. Bush, y los líderes de algunas de las fundaciones y corporaciones más importantes de Estados Unidos han elogiado públicamente su labor. Yo atribuyo su éxito al extraordinario entusiasmo controlado que demuestra.

Sara empezó a desarrollar su talento de muy niña, en la ciudad texana de Laredo, en el sur profundo del país. La población de Laredo es 95% mexicana. Los latinos no se sienten minoría aquí porque ni lo son, ni lo han sido nunca. El carácter de los habitantes de Laredo tiene un aire de entusiasmo y despreocupada confianza. Ellos se dedican a sus cosas y a tener éxito sin preocuparse demasiado de los prejuicios que pueda haber en el mundo exterior.

En la escuela primaria y secundaria, Sara trabajó muy duro, aunque era una persona tímida y callada. Su papá era empleado de la Comisión de Empleo de Texas, y su mamá del banco de la ciudad. Para contribuir a las finanzas domésticas, cuando Sara tenía nueve años y su hermano Neto siete, sus padres compraron una pequeña bodega cerca del centro. Ambos niños empezaron a trabajar en ella inmediatamente. Durante el curso escolar laboraban después de la escuela, y en verano todo el día. Se alternaban las horas y los días para tener tiempo de hacer los deberes y las tareas de casa. En la tienda, la primera cosa que aprendió Sara fue a transformar el esfuerzo en ingresos. Cuanto más trabajaba y más inteligencia empleaba en ello, más dinero podía ganar. Eso le hacía ilusión. Y se entusiasmó mucho más con el mundo que había fuera de los confines de Laredo.

"Esto no es suficiente", pensaba. "Ahí fuera tiene que haber algo mejor".

Esas ideas también le venían de su madre y de su padre. "No tenemos lazos en Laredo, y apenas tenemos contacto con el mundo exterior", le decían. "Hay cosas más importantes fuera de aquí, hija. Vete a la gran ciudad, conoce a gente y haz cosas grandes".

La gran ciudad era Austin, y el mejor sitio para conocer gente y hacer cosas grandes, la Universidad de Texas con sus 50,000 estudiantes. Al haber sido la primera de su promoción en la escuela secundaria, la admisión a la universidad resultó automática. Así que allí estaba, matriculada en una de las mejores universidades públicas de toda la nación. Estaba a punto de comprender lo que quería decir su mamá cuando hablaba de no haber tenido apenas contacto con el mundo exterior.

El primer día de clase de Literatura Inglesa, el profesor repartió una lista de lectura para todo el semestre. Sara escuchó a un grupo de estudiantes: "¡Esto va a ser muy fácil! Leímos esto en el noveno grado!", decían. Se dio cuenta de que ella *ni siquiera había oído hablar* de ninguno de aquellos libros. "En Laredo era la primera de la fila, pero en Austin soy la última", pensó para sí misma.

Sara sabía que tenía que recuperar el tiempo perdido. Aquella fantasía de "algo distinto de Laredo" se había hecho realidad y era ya hora de ponerse a trabajar. Todo era importante para Sara mientras estaba en la universidad. Cada hora era valiosa. Cada minuto. Cada centavo. Su presupuesto diario para el almuerzo era de 97 centavos. Para cuando se graduó con honores, ya había aprendido la primera de las tres fases del entusiasmo controlado: *¡Tenía talento y podía conseguir lo que se propusiera!*

Nada más salir de la universidad con el título de periodista bajo el brazo, empezó a trabajar en el *San Antonio Express-News* como reportera de la sección "Action Express", encargada de identificar y aportar soluciones a los problemas de la comunidad. Acogió el trabajo con su típico entusiasmo y pasión. Nunca se iba a casa hasta que su buzón de entrada quedaba vacío. Se sentía contenta, pero pronto comenzó a sentir otra vez esa fuerza que tiraba de ella: "Necesito salir del sur de Texas. Tiene que haber algo mejor ahí afuera".

Después de obtener un MBA, seguía sin saber con seguridad qué iba a ser ese "algo mejor". Su siguiente aventura la llevó a Nueva York y a una gran empresa, AT&T. Ahora que estaba integrada en el mundo de los negocios, Sara ascendió por la escalera corporativa con rapidez. Pronto llegó a ser vicepresidenta y la hispana de mayor rango, la única hispana con un cargo directivo entre 33,000 empleados. En AT&T aprendió a dirigir una empresa, a redactar un plan de negocios, a hablar y a ser escuchada. También perfeccionó la disciplina de la preparación. "En Dios, confiamos. Todos los demás, que traigan datos", decía su jefe. La segunda lección de las tres fases del entusiasmo controlado había llegado: *¡Tenía su propia voz y podía utilizarla!*

Le pidieron a Sara que entrara a formar parte de la junta directiva del Fondo Hispano de Becas. Su compañía estaba pensando en hacer una donación mayor, y asignó a Sara la tarea de evaluar el potencial de esa organización. Aquel "algo mejor" que llevaba tanto tiempo buscando se reveló ante sus ojos tan pronto como comenzó a ejercer sus funciones.

Sara comprendió la importancia del Fondo para el futuro de los jóvenes latinos en Estados Unidos. Cuanto más aprendía, más involucrada quería estar. Luego de retirarse Ernest Robles, el presidente y fundador del HSF, le ofrecieron a Sara su puesto. Lo aceptó.

Sintió que era lo que necesitaba. Que era perfecto para ella. La tercera lección del entusiasmo controlado completó su aprendizaje: *¡Tienes un corazón: muéstralo!*

El entusiasmo transforma vidas

Sara exhibió su entusiasmo controlado en cada una de sus tres carreras. Como estudiante, periodista y reportera, aprendió a ser consciente de su talento para comunicar efectivamente y lo puso en práctica. Como alta ejecutiva de una compañía del Fortune 500, descubrió su talento para los negocios y para saber asumir la responsabilidad por sus decisiones. Finalmente, como presidenta del Fondo Hispano de Becas, ha encontrado su corazón, su vocación. El entusiasmo fue lo que la propulsó hacia adelante en busca de su propósito fundamental. Napoleón Hill habría estado orgulloso de ella. El entusiasmo controlado la llevó al destino que le correspondía. Y ella tuvo la disciplina necesaria para que su combustible nunca se derramara.

Las claves del entusiasmo controlado

Un comentario final antes de concluir este capítulo. Si sigues las once reglas del entusiasmo controlado que propone Napoleón Hill, tú también conseguirás tu propósito fundamental en la vida. Estas son, exactamente como las escribió:

1. Define un propósito fundamental.
2. Haz una declaración clara de ese propósito y de tus planes para alcanzarlo. Incluye una descripción de lo que estás dispuesto a dar a cambio de conseguirlo.
3. Reafirma tu propósito con una pasión ferviente. Alimenta ese deseo, cuídalo. Haz que sea el pensamiento dominante en tu cabeza.

4. Empieza a trabajar inmediatamente en llevar adelante tu plan.

5. Sigue tu plan con precisión y persistencia.

6. Si te llega la derrota, estudia el plan detenidamente y modifícalo si es preciso. No lo cambies sólo porque hayas sufrido una derrota.

7. Alíate con otros para que te ayuden en lo que necesitas.

8. Manténte alejado de las personas amargadas y negativas. Júntate con optimistas.

9. *No dejes que pase un día sin dedicar parte de tu tiempo a progresar en tu plan.* Estás desarrollando el hábito del entusiasmo, y los hábitos exigen repetición.

10. Guarda la convicción de que conseguirás tu propósito fundamental, sin importar lo lejano que pueda parecer ese momento. La autosugestión es una fuerza muy poderosa en el desarrollo del entusiasmo.

11. Mantén una actitud positiva en todo momento. El entusiasmo no florece en un entorno de miedo, envidia, codicia, celos, dudas, venganzas, odio, intolerancia y pereza. Necesita pensamientos y acciones positivos.

10

Autodisciplina
—Patricia Díaz Dennis

La autodisciplina es el caño por el que fluyen los otros principios del éxito personal. Sin autodisciplina, hasta los sueños más maravillosos acaban disipándose. Sin autodisciplina, tu propósito fundamental se tornará en una persecución sin sentido. Tu personalidad atractiva no te conducirá a ningún sitio. Tu entusiasmo ilimitado se derramará sin control como una manguera a pleno chorro que nadie sujeta. Incluso la fe dejará de ser el timón que tu barco necesita para navegar con seguridad. Los resultados positivos que deseas en tu vida sólo se verán si te comportas con autodisciplina.

Napoleón Hill enseña que nuestra mente es como un depósito en el que almacenamos poder que se puede o no desarrollar. Si piensas de esta forma, aprenderás a desencadenar ese poder en incrementos precisos, en los momentos adecuados y siguiendo las trayectorias exactas. Esto, dice, es la esencia de la atención controlada.

Controlar las emociones

Existe el estereotipo de que los latinos somos gente emocional. Está claro que no somos los únicos que a veces actuamos primero y pensamos en las consecuencias más tarde. Latinos o no, las personas se meten en problemas cuando dejan que las recompensas emocionales controlen sus actos.

La gratificación inmediata es una recompensa emocional. Gastar dinero da a algunas personas tanta satisfacción que les concede *permiso* para gastar más de lo que ganan. Estas personas pueden acabar arruinando su crédito y perdiendo su patrimonio, incluso su hogar. El placer de mirar la televisión puede transformar a alguien atlético y saludable en una persona fofa y con sobrepeso.

Con autodisciplina, damos la vuelta al hábito de actuar antes de pensar. Hill dijo: *"Instaurará en ti el hábito de pensar antes de actuar"*.

Para controlar las emociones, primero tenemos que entenderlas. Napoleón Hill estudió las emociones positivas y negativas que experimentamos todos. Las emociones positivas que él identifica son:

1. Amor (Love)
2. Sexo (Sex)
3. Esperanza (Hope)
4. Fe (Faith)
5. Entusiasmo (Enthusiasm)
6. Lealtad (Loyalty)
7. Deseo (Desire)

Estudia esas palabras. Primero en español y luego en inglés. ¿Notas cómo el lenguaje parece alterar el significado? ¿Las palabras "sexo" y "deseo" suenan tan positivamente en español como en inglés? ¿Verdad que no? Recuerda esto: el significado que tienen las palabras en un idioma puede no ser *exactamente* idéntico en el otro. Estas diferencias tan sutiles pueden afectar, y de hecho lo hacen, a nuestra interpretación de las palabras y conceptos del mundo anglo.

Hill identifica también varias emociones negativas:

1. Miedo (Fear)
2. Celos (Jelousy)
3. Odio (Hatred)
4. Venganza (Revenge)
5. Codicia (Greed)
6. Enojo (Anger)
7. Superstición (Superstition)

Aquí también el idioma influye en nuestra forma de interpretar ciertas palabras. Muchos latinos equivocan "ambicioso" por "codicioso". En Estados Unidos la ambición es buena. En México y muchas otras partes de América Latina la ambición se confunde con la codicia. ¿Por qué? Quizás porque cuando el conquistador enseñó a los indígenas el idioma español, cambió su significado para que "ambición" sonase como algo negativo. Al fin y al cabo, es mucho más difícil conquistar a gente con ambición.

Todas las emociones, positivas y negativas, son fuertes. Tan fuertes que pueden llegar a controlarte si no las controlas. Tú tienes el poder de controlar tus emociones negativas para hacer que no te desvíen de tu curso. Y también tienes el poder de capitalizar tus emociones positivas para que te ayuden a seguir tu camino al éxito.

Controla las emociones con autodisciplina

Durante varios años he observado a Patricia Díaz Dennis practicar consistentemente la autodisciplina. De hecho, tan consistentemente que ha logrado prácticamente todos los objetivos que se ha propuesto.

A comienzos de 2005, fue elegida presidenta de Girls Scouts of the USA, la primera latina que ocupa ese alto cargo a escala nacional. Por casi todos los sitios por los que ha pasado ha derribado barreras. Fue la primera latina en servir como comisionada en la Comisión Federal de Comunicaciones, la primera latina en servir en la Junta Nacional de Relaciones del Trabajo y la primera en servir como ayudante del secretario de Estado para los Derechos Humanos. Todos estos puestos son de designación directa del presidente. Patricia fue también la primera mujer hispana en ocupar los puestos de vicepresidenta *senior,* consejera legal y secretaria corporativa de SBC Communications, Pacific Bell y Nevada Bell. Su curriculum de éxitos está tan repleto que podría llenar este capítulo entero. Y es tan inspirador que *llenará* este capítulo.

Su éxito en la vida y su habilidad para aplicar la autodisciplina comenzó con las palabras que su padre le decía a menudo cuando era niña. "Eres inteligente y bonita". Viniendo de su padre, Patricia asumió con naturalidad que lo que le decía era verdad, que era inteligente y bonita.

Esa asunción (que, además, es cierta) ejerció una importante influencia durante los primeros 14 años de su vida. Por un lado, le dio mucha confianza. Fue una *cheerleader*[6] muy popular, sacó buenas calificaciones y fue elegida presidenta de su clase. Por otro lado, le dio tanta confianza que pensó que no tendría que esforzarse demasiado para salir adelante. También supuso que podía ignorar aquellas cosas que no le resultaban fáciles, como las matemáticas.

La vida era maravillosa. La familia vivía en lugares exóticos como Chile y Japón, donde su padre, sargento del Ejército, estaba

---

[6] Animadora de los equipos deportivos, una actividad muy valorada, especialmente en la escuela secundaria. (Nota del traductor).

estacionado. Vivir en el extranjero fue bueno para Patricia. Le hizo ver que había un mundo más allá de Nuevo México.

Las cosas cambiaron radicalmente a partir del noveno grado. Su maestra, la Sra. Winifred Smith, notó que, a pesar de las buenas calificaciones, Patricia no exprimía todo su potencial. "Puedes hacerlo mejor", le dijo. "No te conformes con la mediocridad".

El poder de la autodisciplina

Esas palabras le cayeron a Patricia como una tonelada de ladrillos. La impresión le duraría toda la vida. "Yo no quería ser mediocre. No quería que nadie *pensase* de mi que soy mediocre", recuerda. "Quiero que se me reconozca por ser la mejor en lo que hago. Me preocupa lo que la gente piensa de mí, pero, lo que es más importante, me preocupa lo que yo pienso de mí misma. De modo que empecé a esforzarme mucho más en todo lo que hacía. Especialmente en las cosas que *no me gustaba* hacer, *las que no eran fáciles o divertidas*".

Patricia empezó a practicar la autodisciplina en su vida como nunca lo había hecho. Sus calificaciones mejoraron. Pronto vio que podía hacer muchas más cosas, y mucho mejor, cuando actuaba con autodisciplina.

De repente, la vida de la familia Díaz sufrió un golpe totalmente inesperado. La hermana de Patricia, un año menor que ella, murió electrocutada al caer una radio en la tina mientras se bañaba.

Este suceso le abrió los ojos y cambió su vida. A los 17 años, aprendió que la vida es preciosa y frágil. "A partir de ese momento, nunca di nada por hecho. Aprendí a gozar de la riqueza de la vida".

También aprendió a combinar la autodisciplina con el gozo de vivir. A una edad en que la mayoría de sus amigas todavía se preguntaban de qué va la vida, las experiencias vitales de Patricia le habían proporcionado una madurez por encima de sus años. Los viajes de su familia le habían mostrado la belleza de otras culturas. La muerte de su hermana le reveló sin resquicios el valor de la vida. Y las palabras de la Sra. Smith le inculcaron algo que nunca olvidó: la importancia de la autodisciplina. Una disciplina que se convirtió en algo tan suyo como su propia respiración.

Luego conoció a quien sería su futuro esposo, Michael Dennis, un joven de ascendencia sueca. Michael podía llegar hasta el alma de Patricia. Logró ver más potencial en aquella joven bien preparada y autodisciplinada que el que ella misma podía intuir. Michael se dio cuenta de que su mente funcionaba muy deprisa. Y como tenía facilidad de palabra, era capaz de debatir con cualquiera sobre cualquier tema. "Ese talento se merece una carrera en el mundo del derecho, especialmente porque ganas todas los discusiones en la casa", le dijo él. Aquel comentario le hizo pensar y la llevó hacia el mundo jurídico. Así fue como, eventualmente, llegó a ser vicepresidenta y consejera legal de la segunda compañía de telecomunicaciones de Estados Unidos.

Las cuatro grandes

Si quieres aplicar el principio de autodisciplina de la forma más útil y eficaz, Napoleón Hill dice que hay que concentrarse en estas cuatro áreas:

1. Propósito fundamental definido
2. Mantener una actitud mental positiva
3. Comer sano y mantenerse en forma
4. Aprovechar bien el tiempo

1. Propósito fundamental definido

Cuando aprendí por primera vez a marcarme un propósito fundamental bien definido y a fijarme metas concretas, me sorprendió ver
lo fácil que podía lograr cualquier cosa que concebía y en la que
creía. De hecho, estaba tan fascinado que las primeras veces que al-
cancé mi objetivo, luego me olvidé de plantearme uno nuevo.

Cuando conseguí la meta de que mi agencia de publicidad
fuese la más importante de Texas, me puse tan contento que, durante algún tiempo, todo lo que hice fue autocomplacerme en ello.
Nuestro crecimiento se detuvo. "¿Qué sucedió? ¿Por qué no creci-
mos este año?", pregunté tras ver que la facturación se mantenía es-
tancada por varios meses. La respuesta se hizo obvia en cuanto lo
pensé un poco. Cuando conseguí mi primer objetivo, no me puse
otro. Esperaba que todo siguiera yendo bien por pura inercia.

Las cosas no funcionan así. El crecimiento y el éxito no ocurren automáticamente. "No puedes dejarlo todo en manos de
Dios". Piensa siempre en tu próximo objetivo. No permitas que
pase un día sin pensar en él.

Para Patricia, el plantearse nuevas metas y conseguirlas supone
una renovación de su viaje hacia su propósito fundamental. Le encantan los reconocimientos que recibe, las nuevas responsabilidades que asume y la confianza cada vez mayor que despierta entre sus
colegas. En cuanto consigue un objetivo, va a por el siguiente. No te
sorprendas si la próxima vez que haces una búsqueda en Google,
encuentras a una Patricia Díaz Dennis aún más exitosa.

2. Mantener una actitud mental positiva

Piensa que tu actitud mental es el hogar en el que habitan tus pensamientos. Tienes la facultad de ponerlos a vivir en distintos hogares. Ellos vivirán donde tú se lo digas.

El primer hogar es fuerte y construido con una piedra muy

hermosa. Aguanta todo tipo de tormentas, incluso terremotos. Tiene un jardín verde con flores de todos los colores. En su interior todo está limpio y ordenado. El ambiente es cálido y confortable. Si les dices a tus pensamientos que vivan allí, se sentirán muy felices. Aunque también tendrán la responsabilidad de esforzarse para que el hogar siga siendo cálido, hermoso y confortable.

El segundo hogar realmente es un chamizo. Apenas se sostiene. Un viento un poco fuerte podría volarlo. El patio es pequeño y está lleno de matojos. Dentro hay una pila de platos sucios que llega hasta el techo. Hay restos de basura en el suelo y sobre los muebles. Y el olor tampoco es especialmente agradable. Si envías a tus pensamientos a esa casa no se pondrán muy contentos. Tampoco tendrán mucho tiempo para limpiarla. De hecho, quizás se pasen el día sentados quejándose de lo feas que están las cosas.

El tercer hogar no es realmente un hogar. Es la calle. Se ve a gente sin techo empujando un carro sin rumbo fijo. No tienen ningún sitio adonde ir. No hay citas a las que acudir. Ni responsabilidades. Algunos son relativamente felices aquí. Otros lo odian, pero no tienen ni idea de cómo escapar de su situación.

Tú quieres vivir en el primer hogar, claro. Es el hogar de una actitud mental positiva. Es el hogar donde tus pensamientos son optimistas, confortables y están dirigidos hacia tu propósito fundamental. Si utilizas tu autodisciplina, puedes encauzar tus pensamientos hacia este tipo de hogar. *Con autodisciplina puedes mantenerlos allí.* Se requiere una concentración cuidadosa y segura, pero siempre funciona.

3. Comer sano y mantenerse en forma

Yo no soy un deportista natural. Nunca lo he sido. Mi deporte es el juego de damas. Para mantenerme en forma, tengo que emplear toda la autodisciplina que soy capaz de reunir. Pero funciona. A mis 66 años paso en la cinta de correr el doble de tiempo que muchos de

40. Eso es lo que me dijo mi doctor, Jim Ogletree, hace tres meses, cuando pasé mi reconocimiento médico anual. Mido seis pies y peso 170 libras. Todavía me pongo un elegante traje de Brooks Brothers que me compré hace 30 años.

La mayoría de las personas puede mantenerse en forma y saludable hasta bien entrados los 80 y los 90 si aplican un poco de autodisciplina a su rutina diaria. Si no, que se lo pregunten a Jack Lalane, ese tipo mayor que anuncia las licuadoras en la televisión. Tiene casi 100 años y está tan delgado, activo, productivo y vigoroso como cualquier persona de 30. Hace ejercicio tres horas al día porque ese es el nivel de autodisciplina que se impone.

No hace falta que tú seas tan dedicado como Lalane, pero si haces caso a unas cuantas sugerencias que puedes encontrar en cualquier librería, biblioteca o en Internet, seguro que te va bien. Esta es mi rutina. Tú puedes organizarte la tuya.

Quema más calorías de las que comas

Enchiladas, empanadas, tostones y todo eso está bien, siempre que las calorías que ingieras se igualen con las que quemas en tu actividad física. Mucha gente pasa de una dieta a otra ganando y perdiendo peso como un yo-yo. El hecho es que aunque comas porciones pequeñas, puedes seguir ganando peso si no quemas más calorías de las que absorbes. Un adolescente que juega en el equipo de básquetbol puede comer como un caballo y estar delgado porque quema todas las calorías que ingiere.

Fíjate en tu actividad diaria. Si tienes problemas de peso, es probable que estés comiendo más de lo que quemas. Cómprate un pasómetro para medir los pasos que das al día. Si son menos de 4,000, probablemente no te estás moviendo lo suficiente como para consumir todas las calorías que comes.

Camina, corre o monta en bicicleta 30 minutos todos los días

Haz tu ejercicio cardiovascular lo primero por la mañana y quítatelo de encima para el resto del día. Lo importante es hacerlo todos los días. No es ningún secreto que el mejor ejercicio es el ejercicio que *realmente* haces. Mucha gente piensa que se ejercita regularmente, pero en realidad sólo lo hace dos o tres veces por semana. Eso no es hacer ejercicio regularmente. Eso es ejercicio *de paso*. Ni te ayuda a perder peso ni a mantenerte en forma.

Estira y levanta pesas

Haz ejercicios de estiramiento diariamente durante 20 minutos para mantener la agilidad, y cada dos días haz otros 20 minutos de pesas. Estos dos ejercicios y un poco de cardio son necesarios para mantenerse en forma. Cardiovascular, pesas y estiramientos. No dejes de lado ninguno de los tres sólo porque no te guste hacerlo. Recuerda que la autodisciplina consiste en forzarse a hacer las cosas que a uno le gustan y las que *no* le gustan.

4. Aprovechar bien el tiempo

Napoleón Hill observó que la mayoría de la gente pasa mucho tiempo contando chismes, hablando de otros. Si esas personas utilizaran ese tiempo planificando su trabajo y haciéndolo bien, conseguirían todos los lujos que envidian de los demás. Hay que recordar que escribió esto en 1937, cuando no se había inventado la televisión. Si algunos reasignasen el tiempo que pierden chismeando y mirando la televisión a tareas productivas, lograrían hacerse ricos mucho más rápido.

Algunos de nosotros guardamos una hoja de control de tiempo en nuestro trabajo, pero no en la casa. No digo que haya que tener una hoja de control de actividades en el hogar, pero no es mala idea hacer periódicamente un inventario de cómo utilizamos nuestro tiempo. Si eres realmente sincero, puede que te sorprendas.

Hace no mucho tiempo estaba yo ayudando a un joven a averiguar la razón de que no hubiese sacado mejores calificaciones en su tercer año de universidad. Es un chico perfectamente capaz de sacar "As" y "Bs", pero se estaba quedando un tanto corto. Cuando hicimos un análisis pormenorizado de cómo empleaba su tiempo, hora por hora, quedó patente que dedicaba más tiempo a socializar que a las clases y a estudiar.

Nos pusimos a calcular cuánto tiempo consumía en actividades como recibir o hacer llamadas desde su celular, en salir —o tratar de salir— con chicas, mirando ESPN y *reality shows,* en el pub, en la unión de estudiantes o en los dormitorios, simplemente *relajándose.* Comparamos el total de ese tiempo con el que dedicaba a los estudios y sumamos todas las horas. El joven se quedó pasmado al descubrir que, a pesar de que pasaba cuatro horas y media cada día en clase (o estudiando), destinaba cerca de diez horas diarias a sus actividades sociales. Le aconsejé que hiciera un pequeño cambio, que recortara dos horas de su agenda social y las añadiera a sus estudios. Con ese cambio, dedicará seis horas y media a labores académicas y ocho a las sociales. Cuando aplique la autodisciplina necesaria para cambiar su agenda, sus calificaciones mejorarán. Es un joven muy inteligente y con ganas de triunfar.

La estructura de tu mente

Napoleón Hill descubrió que nuestra mente está dividida en seis compartimentos. Todos y cada uno de ellos están bajo nuestro control. Si eres capaz de entenderlos, dice, entenderás en qué consiste la autodisciplina. En las páginas siguientes encontrarás mi adaptación de dos gráficas que dibujó Napoleón Hill para ilustrar su argumento. La primera muestra los compartimentos que puedes controlar, y la otra cómo operan. Si quieres ver los originales tal y como los concibió él, puedes acudir a su libro *Napoleón Hill's Keys to Success,* páginas 116 y 117.

Los seis compartimentos son ego, emociones, razón, imaginación, conciencia y memoria. Permíteme describirlos detalladamente:

Ego

El diccionario define el ego como el concepto individual que tiene alguien de su importancia o valor. Es el Yo. Napoleón Hill lo eleva a otro nivel. Lo define como *la fuente de la voluntad.* La voluntad puede ser tan fuerte que puede cambiar, retroceder o eliminar el trabajo de los otros departamentos. El ego marca el camino de las decisiones que tomas.

En el caso de Patricia Díaz Dennis, la fuente de su voluntad queda reflejada en esta cita: "Quiero que se me reconozca por ser la mejor en lo que hago. Me preocupa lo que la gente piensa de mí, pero, lo que es más importante, me preocupa lo que yo pienso de mí misma". A menudo, Patricia hace referencia a una cita que atribuye a Theodore Roosevelt: "Me importa no lo que otros piensen que hago, sino lo que yo pienso que hago. Eso es carácter". Su afán de ser reconocida por hacer lo correcto es lo que propulsa la autodisciplina que precisa Patricia para sacar consistentemente lo mejor de sí misma.

Patricia es plenamente consciente de que lo que la empuja es su ego. No se avergüenza de reconocerlo. Ni tiene por qué hacerlo. "Sé quien soy. Sé qué me impulsa", dice. La validación que obtiene por su esfuerzo y por hacer bien su trabajo satisface a su ego y la impulsa hacia su próxima meta. Conocerse de esta manera le ha permitido tener una vida muy exitosa y equilibrada, una vida que incluye una familia feliz y una carrera extraordinaria.

Muchos latinos ven el ego con malos ojos. "Es muy egoísta",

dicen. Esto coloca al ego inmediatamente en un contexto negativo. No hay que confundir el ego con un ego superinflado. Todo el mundo tiene ego. Algunos egos son débiles y no tienen valentía, dice el Sr. Hill. Otros están excesivamente inflados. La mayoría de la gente y de los latinos sufre de unos egos débiles.

Observa tu ego. ¿Te sientes incómodo cuando estás en un lugar desconocido? ¿Y en una fiesta con personas que no conoces y que tienen más estudios o son más ricas que tú? ¿Te sientes incómodo cuando la conversación deriva a un tema que no conoces? Si te ocurre, no te preocupes. Es algo normal. Sólo recuerda que tu ego no es nada más que la idea que tienes de tu propio valor. Tu propia idea. No la que tienen los demás. Por eso se llama voluntad. Es el combustible que alimenta tu proceso.

En enero de 2005, asistí junto con mi esposa, Kathy, a las festividades de la inauguración del segundo mandato del presidente George W. Bush. Tuvimos el privilegio de ser invitados a una cena privada con la secretaria de Estado, Condoleezza Rice, que acababa de superar favorablemente las audiencias para su confirmación en el Senado. Mientras la observaba ir de mesa en mesa saludando a los comensales antes de que se sirviera la cena, no pude menos que reparar en su amabilidad, en lo a gusto y en lo cómoda que se veía. Ella sabe exactamente quién es y lo que es. Es una mujer negra de Alabama. Es la diplomática de más alto rango de la nación. Y a mi modo de pensar, su ego está en perfecto equilibrio.

Emociones

Los pensamientos, planes y actos que llevas a cabo en dirección al cumplimiento de tu propósito fundamental están dirigidos por tus emociones. Si tus emociones se basan en el deseo, el entusiasmo y la esperanza, lograrás tu objetivo definido. Si permites que se interpongan emociones negativas como el miedo, los celos, la codicia y la venganza, te garantizo que no tendrás éxito. Te quedarás en la calle.

¿Recuerdas cuando murió electrocutada la hermana pequeña de Patricia? La familia entera quedó sobrecogida por la emoción. Patricia y su hermana sólo se llevaban un año de diferencia y se sentían muy cercanas una de la otra. ¿Qué hubiera ocurrido si Patricia se hubiese dejado invadir por emociones negativas? ¿Si sus pensamientos se hubiesen llenado de superstición, enojo y ganas de revancha? Seguro que su vida habría ido por distintos derroteros.

En lugar de eso, la familia buscó algo bueno que extraer de aquella pérdida terrible. Hablaron del amor que sentían los unos por los otros y sobre su fe en la inteligencia infinita. Estas emociones positivas les ayudaron a sentir de una manera más profunda el regalo de la vida y a apreciar todavía más lo que significaba ser familia.

Para Patricia significó comprender que nunca más podría dar nada por hecho. La vida hay que vivirla. Ahora no pierde ninguna oportunidad de decirles a sus hijos y amigos que les ama. "Trato de crear algo mágico con los pequeños instantes. Me esfuerzo por tener recuerdos imborrables de los momentos especiales. Michael y yo estamos en la misma onda cuando se trata de vivir la vida al máximo con nuestros hijos y nuestras familias". Es cierto: las emociones positivas que nacen de una actitud positiva pueden sobreponernos a las peores tragedias de la vida.

Razón

Hay que pensar con la cabeza. Esta expresión la utilizan muchos padres cuando educan a sus hijos. La razón es lo que maneja las funciones más rutinarias del juicio. Cuando la Sra. Smith le dijo a Patricia que no se conformara con la mediocridad, ésta no se sintió herida. No se sintió insultada. Ni siquiera respondió a la observación. Patricia escuchó el mensaje con total claridad, supo lo que quería decir y lo asumió completamente. En lugar de enfadarse, comprendió —razonó— que la Sr. Smith tenía razón: un mayor esfuerzo traería mejores resultados. Y más reconocimiento. Tomó la decisión correcta, y eso la llevó por el camino adecuado.

Conciencia

Escucha a tu conciencia. Ese es un buen consejo. Esa vocecilla dentro de ti siempre te indicará lo que debes hacer. Pero sólo si aprendes a escucharla. Siempre te dirá lo que está bien y lo que está mal. El problema está en que algunos no la escuchan. La ignoran tan a menudo que no permiten que ejerza su verdadera influencia. Patricia sí escucha a su conciencia. Le da la confianza necesaria para tomar las decisiones correctas que la ayudan a mantener el balance en su vida.

Memoria

Algunos tienen la costumbre de aferrarse a recuerdos dolorosos. Sin darse cuenta, sus pensamientos siempre gravitan hacia eventos desagradables del pasado, hacia momentos de tristeza y de dolor. Recuerdan aquella vez que alguien los miró con mala cara. "¿Qué miras?" era una de las expresiones favoritas en mi viejo barrio cuando algún pachuco con ganas de bronca quería empezar una pelea. Los que actúan así dejan que los recuerdos negativos les aprisionen y les impidan avanzar.

Hay personas que tienen una habilidad natural para sustituir los malos recuerdos por buenos. Si les sucede algo malo o desagradable no permiten que eso controle sus pensamientos. Siguen adelante, aprenden de la adversidad y confían en que algo bueno les sucederá pronto.

Imaginación

Imagina qué habría ocurrido con Patricia si se hubiese quedado lamentándose porque de niña tuvo que cambiar constantemente de escuela. En lugar de quejarse, como harían muchos otros, se lo tomó con calma. Con el apoyo de sus padres, aprendió a valorar la satisfacción que supone hacer nuevos amigos, conocer culturas diferentes y comprender el significado de otras tradiciones. Y todo de primera mano.

Los recuerdos de Patricia de alguna manera siempre gravitan hacia el lado positivo. Y tú deberías hacer lo mismo. Tómate un tiempo al final de cada día para reflexionar sobre los recuerdos que tú elijas. Si son buenos, estás en el camino adecuado para lograr riquezas. Si son desagradables, cámbialos conscientemente por medio de la autodisciplina. Acostúmbrate a sustituir los malos recuerdos por unos buenos.

Lo que no se puede controlar

Los capítulos que versan sobre la fuerza de la rutina cósmica y la fe aplicada explican el poder y la importancia de la inteligencia infinita. No la puedes controlar, dice Napoleón Hill. Eres tú quien tienes que disciplinarte para recibirla y actuar conforme a su sabiduría.

Atención controlada
—Lionel y Roberto Sosa

Cuando tienes una meta, tienes lo principal para mantener tu atención totalmente controlada. Una meta clara te permite hacer la transición desde calibrar tus posibilidades a conseguir lo que deseas. El tener un objetivo hace que toda tu energía, tu creatividad, tu experiencia e inteligencia se combinen para convertir las ideas en realidad. La capacidad de concentrarse en una sola idea es el comienzo del éxito. Es la base sobre la que se apoya todo lo demás.

La atención controlada es algo natural para todos nosotros en un momento o en otro. ¿Recuerdas cuando te enamoraste de alguien especial? ¿Te acuerdas cuando te dijiste a ti mismo: "Es él (o ella) a quien quiero"? Estabas practicando la atención controlada. Tenías un objetivo claro: conquistar a tu amor. No había dudas. Ni *quizás,* ni *¿y si…?*. Sabías exactamente lo que querías. Sacaste a relucir tu creatividad. Te surgían ideas de la nada. *Sabías* que tu plan iba a funcionar. Tenías lo que Napoleón Hill llama fe aplicada. No dejaste que ningún obstáculo se interpusiera en tu camino y conseguiste lo que querías.

Aplicar ese tipo de atención controlada a los objetivos de la vida no sucede con la misma naturalidad. Es mucho más difícil. Hay muchas opciones, muchas posibilidades. Puede que tengas miedo de poner todos los huevos en el mismo cesto. A lo mejor temes equivocarte. Pero el peor error que puedes cometer es quedarte sentado sin hacer nada. Cuando veo a alguien que hace eso, le aconsejo que escriba en una lista sus opciones y las examine detalladamente una por una. Luego les pregunto una cosa que aprendí de mi buen amigo Charles García: "¿Qué harías si supieses que no puedes fallar?". Piensa así y seguro que la respuesta te llega muy rápido. ¿Y sabes qué? No fallarás si sigues los 17 principios de Napoleón Hill.

Para hacer que tu meta se convierta en realidad, tienes que entrenarte como un atleta que quiere ir a las Olimpíadas. Tienes que hacer un esfuerzo consciente por fijar tu atención en *exactamente lo que quieres en la vida*. La medalla de oro. Amigo mío, eso exige concentración. Esfuerzo. Trabajo. Y comienza con un anhelo ferviente.

El deseo de triunfar ya está dentro de ti, de lo contrario no habrías llegado tan lejos en este libro. Lo tienes dentro por todas las lecciones que has aprendido desde que eras pequeño. Cuando pienso en el principio de la atención controlada, me vienen a la cabeza ciertas experiencias de cuando era niño. Hubo muchas maneras en que, de a poquito, mis padres ya me estaban preparando.

Lecciones de mamá y papá

De nuestros padres aprendemos mucho más que lo que suponemos. Aprendemos incluso cuando no sabemos que estamos aprendiendo. El concepto de atención controlada me fue inculcado por medio de una serie de experiencias familiares que me fueron preparando poco a poco. A veces, los padres enseñan con el ejemplo. Otras, por medio de instrucciones directas. Los padres más habilidosos aprovechan los errores que vamos cometiendo a lo largo de nuestra infancia y juventud para darnos lecciones que quedarán con nosotros toda la vida.

A su manera, siempre sosegada, eso es justo lo que hizo mi padre. Me enseñó cuatro importantes lecciones que resultaron clave para desarrollar mi capacidad de controlar la atención. Tengo la impresión de que él tenía muy claro lo que me estaba enseñando. Se preocupó de que le prestara atención y escuchara. Una y otra vez me contó la historia de cuando llegó a Estados Unidos con su madre y sus tres hermanas.

De él aprendí cuatro lecciones que para mi constituyen los componentes de la atención controlada. Nunca los olvidé:

1. Buen juicio
2. Ser responsable
3. Trabajar duro y mirar hacia adelante
4. Confiar en la gente

Napoleón Hill utilizó expresiones distintas para describir las mismas cualidades. Fue el Sr. Hill quien me *clarificó* los componentes de la atención controlada y me mostró su utilidad. Yo los veo así:

1. Pensamiento certero
2. Iniciativa personal
3. Visión creativa
4. Personalidad atractiva

1. Pensamiento certero

Mi primer auto fue un Hudson Hornet de cuatro puertas, modelo de 1953. Se veía como una enorme sandía verde. Lo adoraba. Yo tenía 18 años, y trabajaba y vivía en casa de mis padres. Para pagar mi alojamiento y comida le daba a mi mamá la mitad de mi paga semanal. Una lástima, pero esas eran las reglas y mamá nunca las iba a cambiar, así que no tenía sentido quejarse.

Ganaba el salario mínimo y, aunque era soltero, nunca me quedaba mucho dinero para gastar. Entre los pagos del auto, la gasolina, las reparaciones y salir con chicas no fue fácil ahorrar dinero para comprarme el espectacular juego de tapacubos de cromo brillante para las ruedas de mi coche que deseaba. Pero lo hice: ¡Me costaron $80! Al cambio actual probablemente serían $1,000. Lucían hermosos en mi Hudson. De hecho, tan hermosos que mi auto los disfrutó un total de tres días. A la cuarta noche, alguien se los llevó. Me puse furioso. Había ahorrado durante meses para, al final, quedarme sin mis preciosos tapacubos. Tenía un disgusto enorme.

Esa noche me topé en la cafetería con antiguo compañero de la escuela. Era un tipo listo, un pillo y un bromista. Cuando escuchó lo que me había sucedido, me ofreció su solución.

"Vayamos a por otro juego esta noche".

"¿Quieres decir que robemos un juego?"

"Claro. Si alguien te quita algo, tú se lo quitas a otro. Ojo por ojo. Lo dice la Biblia".

Estaba tan enojado que me tragué su absurdo argumento y accedí. "OK, lo haremos esta noche".

Nos reunimos a medianoche en su casa y empezamos a dar vueltas por las calles de nuestro barrio de Westside en busca de un nuevo juego de tapacubos tan padre como el mío. Para cuando dimos con uno, estaba casi amaneciendo.

"Para aquí", dije.

Salí del coche, saqué muy despacito y sin hacer ruido la herramienta para las ruedas, quité con mucho cuidado los tapacubos y los metí en el asiento trasero de mi Hudson. Lo increíble fue que nadie nos viera. No ladró ningún perro. No se encendió ninguna luz. No sonó ninguna alarma. ¡Estábamos sanos y salvos!

Esa misma mañana, coloqué las tapas en mi auto, convencido de que no había nada de que preocuparse. Después de todo, las cuentas estaban en paz. Pero al día siguiente, mi padre se sorprendió al ver que tenía tapacubos diferentes. Quería saber más.

"Maldición", pensé. "¿Por qué tuve que embobarme tanto con estas cosas?"

Papá me miró derechito a los ojos. "Estos no son los tuyos. ¿Qué pasó?"

Me quedé helado. Antes de que pudiera hacer nada, me salió la verdad como un chorro de agua.

"Los robé la noche pasada, pero no sucede nada. Ojo por ojo, ya sabes".

"¿De quién son?"

"No tengo ni idea. Ni siquiera estoy seguro de la calle donde los cogimos. Era tarde", mascullé.

"Quítalos ahora mismo, y mañana por la mañana, a las 7:30, te reúnes conmigo en el callejón trasero con dos tapacubos debajo de cada brazo".

"De acuerdo".

Esa noche no pude dormir. Por mucho que lo intentaba, no lograba descifrar qué iba a hacer mi padre a las 7:30 de la mañana. ¿Me obligaría a destruirlos? ¿Iba a pasar por encima de ellos con su auto? ¿Querría ir en busca del dueño para devolverle la mercancía? ¡Menuda humillación! No dejé de dar vueltas en mi cama durante toda la noche.

A la mañana siguiente, me presenté puntualmente en el sitio estipulado con mis dos tapas debajo de cada brazo.

"Párate ahí. Mira hacia adelante", dijo muy serio; sonó como el capitán de mi pelotón del ROTC.

Pasados un par de minutos, oí que se acercaba un camión grande. Miré hacia mi derecha. Era el camión de la basura. Se detuvo justo delante nuestro.

"Dale a este señor los tapacubos".

Sin decir palabra, le di a aquel hombre mi botín. El basurero no podía creer el regalo.

"Es basura", le dijo mi padre. "Lléveselas".

Cuando el camión se fue, mi padre me lanzó una mirada que nunca olvidaré y me dijo: "Eso estuvo mal. No fuiste honrado, y lo sabes. Nunca vuelvas a ser deshonesto. Todo lo que te proporciona la deshonestidad es basura que no merece la pena conservar".

Dicho esto, se marchó y nunca más en su vida habló de aquello. En mi fuero interno yo sabía que lo que hice no estuvo bien. Pero dejé que mi enojo me dominara. Hizo falta que mi papá me diera aquella lección para devolverme a la realidad.

Mi papá habría llamado a esto una lección de "buen juicio". Napoleón Hill lo llama "pensamiento certero". Pero lo llames como lo llames, si no lo tienes, no llegarás muy lejos.

2. Iniciativa personal

Contaré aquí cómo conseguí el dinero para pagarme el curso de los 17 Principios del Éxito Personal de Napoleón Hill. Esta historia ilustra una lección de responsabilidad e iniciativa personal.

El curso costaba $250, una fortuna para alguien en mi posición, más de lo que yo ganaba en mes y medio. No tenía crédito ni había ahorrado un centavo. Tampoco podía pedirle prestado a mi papá. Mi padre siempre me lo había dejado absolutamente claro: "una vez que te independices, no esperes que te dé o te preste dinero. Nada. Así que no me lo pidas".

"Tampoco voy hacer de avalista tuyo ante el banco", me dijo una vez que, de todos modos, se lo pedí. "Pero iré al banco y le pediré a mi amigo Jim McCann que te preste el dinero sólo con tu firma. Eso sí, asegúrate de devolvérselo. El día en que vencen los pagos o incluso antes. Todos los meses. ¿Te parece justo?".

Justo.

Mi papá se reunió conmigo en el National Bank of Commerce y le dijo a Jim con total claridad: "Lionel necesita $250 para tomar un curso que yo realmente no entiendo. Si le prestas el dinero te lo devolverá en el plazo acordado. Prestárselo a él es tan seguro como prestármelo a mí. Además, ya es hora de que empiece a establecer aquí su crédito".

Jim sonrió. "Robert", dijo, "si dices que el crédito de tu hijo es tan bueno como el tuyo, me basta. Lionel, firma aquí". En aquellos tiempos los bancos concedían préstamos de esa manera. No hacían falta comités para decidir. Sólo dos hombres. Dos amigos. Y su palabra.

Devolví el préstamo puntualmente. Eso me dio confianza e iniciativa personal para pedir nuevos créditos en el futuro y seguir expandiendo mi negocio. Jim McCann fue mi banquero personal durante los primeros diez años de Sosart, el mejor pequeño estudio de arte de la ciudad. Por medio de él tuve acceso a más préstamos cuando así lo exigía el crecimiento de mi empresa. Al retirarse, me presentó a su sustituto, Louie Lagledder, quien se convirtió en mi colaborador bancario durante los siguientes diez años, contribuyendo a que Sosart llegara a ser el estudio de diseño gráfico más grande de Texas.

El que mi padre se negara a avalar con su firma mi préstamo fue una experiencia extraña y desconcertante. Me afectó durante años. Para mí, no tenía sentido. No es que no podía; es que no *quería*.

Con el paso de los años lo entendí. Mi papá me estaba enseñando a ser responsable de mis actos. También aprendí algo más. Iniciativa personal. Napoleón Hill tenía razón. Para conseguir lo que deseas, hay que ser responsable y demostrar iniciativa personal.

3. Visión creativa y
4. Personalidad atractiva

Como mencioné más atrás, la siguiente es una historia que escuché a menudo de boca de mi padre. Se trata del relato de su llegada, con su madre y sus hermanas, a Estados Unidos. Con ella me enseñó las lecciones tres y cuatro del Dr. Hill: visión creativa y personalidad atractiva.

Corría 1918, y la revolución mexicana estaba en pleno apogeo. Mi abuelo Fernando, su esposa Cristina y sus cuatro vástagos vivían en el Distrito Federal. Fernando era un apuesto y próspero comerciante que nunca dejaba que a su familia le faltara nada. Pero a los 48 años enfermó de tuberculosis y murió. La muerte del sostén de la familia y la inestabilidad provocada por la guerra fueron un golpe terrible para la familia. En pocos meses agotaron todos sus ahorros. Cristina buscó empleo en la ciudad, pero los trabajos menores que le ofrecían apenas alcanzaban para mantener a sus hijos. Perdieron todo, incluso la casa.

¿La solución? Estados Unidos y la oportunidad del *sueño americano*. Miles de ciudadanos mexicanos cruzaban la frontera de Texas huyendo de la revolución. Se ponían a trabajar en el campo y en la construcción, en las mismas tierras que habían sido parte de su patria hacía menos de tres generaciones. En el sur de Texas la gente hablaba los dos idiomas, inglés y español. Las cosas aquí estaban mejor que en México.

Cristina tenía 32 años. Era una mujer de piel clara, fuerte y decidida. Sus raíces se remontaban a España y Alemania. Sus cuatro hijos eran muy pequeños. Fernando, con 10 años, era el mayor. Alicia tenía 7, Herlinda, 6 y mi padre Roberto, 3. Su primera parada fue una pequeña ciudad al otro lado del Río Grande: Eagle Pass, Texas. Al principio, la valiente Cristina se ganó la vida a duras penas haciendo la colada de sus vecinos. Luego se volvió a casar, aunque se divorció a los cinco años.

Una vez más, le tocaba luchar para sacar a flote a sus hijos. Su visión creativa la llevó a fijarse el objetivo de irse a la gran ciudad, a San Antonio. Allí la familia encontró una casa que se podía permitir, un diminuto bungalow en el sector pobre de la ciudad. La casa lindaba con el barrio negro. Al este estaban los vecindarios mexicanos, en plena efervescencia. Las familias blancas de clase media vivían al norte.

Cuando llegaron a San Antonio, la prole de Cristina ya tenía edad de ir a la escuela. Y de trabajar. Cristina tenía ahora 37 años y, tan decidida como siempre, tomó una decisión muy arriesgada: iba a *abrir* su propio negocio, una lavandería doméstica. Después de las clases, los niños, también el muchachito de 7 años que luego sería mi padre, iban por el barrio de casa en casa recogiendo la ropa sucia de los vecinos. ¿Y qué prometían? Lavar y prensar todos y cada uno de los artículos que recogían —camisas, pantalones, calzones, lo que fuera— y traerlos a la puerta del cliente la tarde siguiente limpios, planchados y doblados.

Todos los días después de cenar, una vez que habían hecho la recolección de ropa, la familia entera se ponía a lavar y a secar la colada. A la mañana siguiente temprano, Cristina almidonaba y planchaba cada pieza. Trabajaba hasta la 1 o las 2 del mediodía y luego se tomaba una siesta (ojalá permaneciese esta costumbre). Al volver del colegio, sus hijos tomaban la merienda y se iban a entregar la ropa y a recoger nuevos pedidos.

El negocio tuvo éxito porque toda la familia tenía la atención puesta en hacer la colada bien. Les daba dinero suficiente para alimentarlos y vestirlos a todos, incluso cuando se iban haciendo mayores. Cuando mi padre tenía 10 años, empezó a utilizar su propia visión creativa. Con las monedas que recibía en propinas había ahorrado lo suficiente para comprar una bicicleta con un gran cesto en el manillar. Ahora podía ir mucho más lejos en busca de clientes más pudientes. Supuso que la gente que tenía más dinero tenía también más ropa. Y más ropa sucia que enviar a lavar.

Los vecindarios negros y mexicanos estaban cerca y se podían cubrir con relativa facilidad. Pero los que vivían allí eran también los más pobres y los menos dispuestos a pagar a alguien por lavar y planchar su ropa. Así que mi padre empezó a hacer negocio con la gente que tenía dinero, los anglos. Eso sí que era visión creativa.

Desde ese momento, empezó a ir en bicicleta a las zonas más elegantes de la ciudad. Incluso de adolescente debía de tener una personalidad muy atractiva, porque consiguió clientes entre la gente más influyente de San Antonio. Mi papá descubrió algo más. Esas personas tenían también enormes cantidades de ropa para el tinte que la lavandería doméstica no podía servir. Al hacerse mayor, la idea de establecer un negocio de lavandería y tintorería se convirtió en un anhelo ferviente. Comenzó a ahorrar sus *quarters*[7] con el objetivo de abrirlo cuando cumpliese 21 años.

Y así lo hizo. Sucedió porque había empleado su atención controlada, su visión creativa y su atractiva personalidad. El mismo día de su 21 cumpleaños inauguró la nueva y reluciente Prospect Hill Laundry and Cleaners en un vecindario anglo, principalmente alemán. Mirando para atrás, me quedo maravillado por su instinto. No llamó al negocio Sosa Laundry and Cleaners. Posiblemente no habría sido una buena idea en una época en que lo normal era vivir en barrios segregados. Siendo el único negocio de la zona dirigido por un mexicano, no creyó oportuno destacar este hecho. En lugar de eso, le dio al negocio el nombre del vecindario, Prospect Hill. Ante esta visión, hay que descubrirse: "Buena idea, viejo", aunque en aquella época fuera un hombre joven. Muy joven.

Mis papás contrajeron matrimonio ese mismo año y se instalaron en el cuarto trasero de la tienda, al lado de los líquidos para la limpieza, la caldera del agua caliente y las tinas de lavado. La familia Sosa era la única familia mexicana que tenía un negocio en Prospect Hill y que vivía allí.

¿Buscaba problemas Roberto Sosa? ¡Claro que no! Hizo lo más natural, llevar el negocio a la gente que tenía más dinero. Sus clien-

---

[7] Moneda de veinticinco centavos. (Nota del traductor).

tes eran gente como el Sr. Jones, el Sr. Gibson, el Reverendo Brown, el Sr. Kappmeyer y la Sra. Burkholder. Sus empleados eran Jesse y "Tex" McLeod. Para todos ellos, él era el Sr. Sosa. Le encantaba que le llamaran Sr. Sosa. Hacía diez años que conocía a muchos de sus clientes, algunos de ellos desde que tenía 11 años. Le querían y él los quería. La amistad que desarrollaron nuestras familias abrió paso a la confianza. Nos veíamos a nosotros mismos como amigos, no como mexicanos y anglos. La cuestión étnica nunca mostró su fea cabeza. Ni una sola vez que yo recuerde.

Crecer en una zona anglo tuvo un efecto magnífico en mí. Me hizo comprender el valor de *esperar ser tratado con igualdad.* Nunca pensé que los anglos fueran diferentes a mí. Ni mejores. Nunca me sentí discriminado porque nunca me imaginé que pudiera serlo. Siempre he estado orgulloso de ser mexicano, de ser latino. Pero como la mayoría de los latinos, estoy igualmente orgulloso de ser estadounidense. Un estadounidense igual a los demás.

Cuento esto con la esperanza de que te ayude a volver a tu infancia y a recordar la sabiduría que reposa en nuestras historias familiares y en nuestra rica cultura latina. Intégralas con las enseñanzas de Napoleón Hill y haz que te sean útiles. Usa tu atención controlada.

Nota: Actualmente, el barrio de San Antonio conocido como Prospect Hill es 99% latino. Henry Cisneros, ex secretario federal de Vivienda, dice que este vecindario ha dado más líderes latinos a Estados Unidos que cualquier otro del país.

12

La inspiración de trabajar en equipo —Jeff Valdez y Bruce Barshop

Las enseñanzas de Napoleón Hill nos han mostrado que es prácticamente imposible obtener grandes éxitos por uno mismo. Las leyes naturales parece que prohiben el triunfar sin ayuda. Para conseguir tu propósito fundamental, necesitarás el apoyo de un equipo.

No hay que confundir este equipo con la alianza de mentes maestras. Como ya vimos en el Capítulo 2, la alianza de mentes maestras es un grupo pequeño, normalmente de dos o tres personas, que trabaja en perfecta armonía para conseguir una meta común. El equipo trabaja al unísono con la alianza, y puede ser pequeño o grande. Consiste de empleados asalariados y, quizás, de un contable, un abogado, un banquero u otras personas que provean servicios importantes y en las que tengamos plena confianza. El equipo tiene que asumir la meta de la alianza maestra y ser partícipe del compromiso de esforzarse para hacerla realidad.

¿Qué hay que hacer para inspirar el trabajo en equipo? ¿Cómo se puede mantener unido al equipo, especialmente cuando las cosas se ponen difíciles? La respuesta a estas preguntas me la dieron Jeff

Valdez y Bruce Barshop, la alianza de mentes maestras detrás de SiTV. Ellos pusieron en marcha la primera y única cadena de televisión en Estados Unidos dedicada a la comunidad latina que transmite en inglés las 24 horas del día.

Tuve la oportunidad de observar de primera mano el progreso de su idea porque contrataron a nuestra agencia para desarrollar sus materiales de publicidad y de ventas. Puede parecer una historia de pura determinación y perseverancia por parte de dos personas, pero, en realidad, se trata de un relato sobre cómo hacer un equipo. Cuando lo leas, comprenderás por qué.

Poner en el aire SiTV llevó seis años. Durante 72 meses seguidos, Jeff, Bruce y su equipo de empleados, inversionistas y un especialista en banca de inversión bregaron sin descanso para lograr algo que otros no entendían y mucho menos apoyaban. La idea de un canal de televisión de emisión ininterrumpida (24/7) dirigido a los latinos, pero en inglés y no en español, resultó ser muy complicada de vender. Los anunciantes tenían dudas: "¿Pero la mayoría de los latinos no ve la TV en español?", preguntaban. Su siguiente pregunta normalmente era: "¿Si está en inglés, cómo sé que lo están viendo los latinos?".

Las agencias de publicidad de Madison Avenue tampoco mostraron más interés. Querían datos concretos. "¿Cuánta gente verá el canal y quiénes serán exactamente?". Las agencias *hispanas* también estaban nerviosas porque asumen que su trabajo se ciñe a los medios en español. Las operadoras de TV por cable, como Direct TV (que finalmente acabaría llevando la programación de SiTV a millones de hogares latinos), al principio tampoco se escapaban de la confusión. No estaban seguras de que la nueva cadena fuera a aportar valor añadido a sus contenidos ni de que las compañías locales de cable quedaran satisfechas con la oferta de SiTV. Aún peor, tenían dudas de que SiTV fuera capaz de generar programas de calidad 24/7.

Eran dudas razonables; algunos habrían dicho que eran barreras insuperables. De todos modos, Jeff y Bruce tenían un plan. Y respuestas. Su principal tarea consistía en convencer a todo el mundo de que su concepto era perfectamente factible, rentable y que merecía la pena intentarlo. Lo primero que hicieron fue elaborar un plan de negocios con proyecciones de ganancias y un prospecto. Para conseguir su meta, iban a tener que cambiar la opinión de mucha gente.

De modo que elaboraron una magnífica presentación en la que describían y desmenuzaban la oportunidad que ellos veían. Es sabido que el 75% de los latinos en Estados Unidos mira la televisión en español. Lo que muchos no saben es que hay otro 75% de latinos que también mira la televisión en inglés. Esto se debe a que el 75% de la comunidad latina es bilingüe y consume información en ambos idiomas. Sólo el 25% de los latinos mira *exclusivamente* TV en español. Estos datos confirmaron la oportunidad a largo plazo que presentaba SiTV, especialmente porque *cuanto más tiempo vive un latino en Estados Unidos, más televisión en inglés ve.*

No pretendo impartir una lección sobre los medios de comunicación y el mercado hispano, pero sí dar una idea del reto y de la oportunidad que tenían ante sí Jeff y Bruce. Su plan de negocios fijaba un plazo de dos años para poner la empresa en marcha y empezar a emitir. Les llevó tres veces más. Fueron seis años muy duros. Para ellos fueron como 20. La dureza de su camino no se debió solamente a los interminables días, noches y fines de semana pasados en la oficina y viajando. Fue el constante desembolso de dinero y el tener que pedir nuevos fondos a los inversionistas semana tras semana. En varias ocasiones estuvieron a pocas horas de cerrar un acuerdo, sólo para ver cómo se derrumbaba todo en el último momento.

¿Qué significa trabajar en equipo?

Jeff y Bruce no iban a permitir que nada ni nadie les alejase de su objetivo. Cuando les pregunté qué fue lo que mantuvo en marcha al equipo todos aquellos meses, a pesar de los obstáculos y desilusiones que enfrentaron, los dos hombres me respondieron al unísono: "Visión y concentración".

El equipo de SiTV estaba formado por cinco empleados esenciales, un banquero de inversión y tres inversionistas *ángeles.* "Nuestra visión era mantener unido al equipo y llegar hasta la meta del *triatlón* a toda costa", dice Jeff. Bruce toma la palabra sin perder un ápice de la idea expresada por su compañero. "Cuando tropezábamos con un muro nos parábamos, hacíamos cambios y empezábamos de nuevo. Avanzar hacia el destino es como manejar en una carretera recta: hay que mover el volante un poco a cada lado porque, si no, te vas a la cuneta".

"Nuestro objetivo era poner SiTV en el aire", prosigue. Nunca apartamos la vista de la pelota. Nunca perdimos la fe en nuestra idea. Nuestra convicción en nuestro propósito fundamental es lo que puso en pie al equipo y lo que lo mantuvo motivado y a pleno rendimiento".

El modelo de SiTV es un ejemplo perfecto de lo que Napoleón Hill describe como trabajo en equipo:

"El trabajo en equipo surge directamente de la alianza de mentes maestras —un grupo pequeño totalmente comprometido con alcanzar un propósito fundamental común, y que comparte fervientemente la misma obsesión—. Cada uno de sus miembros se beneficia del entusiasmo, de la imaginación y de los conocimientos del otro. Es más, todos están de acuerdo en la división de funciones y en la recompensa a percibir por su trabajo".

"El trabajo en equipo", sigue Hill, "establece básicamente la misma relación, pero dado que involucra a gente que probablemente no tiene la misma ferviente obsesión que tú, mantener su nivel de compromiso con tu trabajo exige un mayor esfuerzo por tu parte".

Cuanto más dedicación demuestres tú, más dedicación tendrá tu equipo. El gurú de la gestión empresarial Peter Drucker dice que los empleados tienen que verse a sí mismos como ejecutivos. Donald Trump escribe que todos los miembros de un equipo deben sentir que su aportación marca diferencias. Los dos tienen razón. Si los miembros del equipo notan que su trabajo contribuye a un objetivo valioso, se harán partícipes y responsables de tu sueño y pondrán todo de su parte para ayudarte a alcanzarlo.

El compromiso inspira a trabajar en equipo

"¿Seremos capaces de aceptar la palabra 'no'?". Bruce y yo nos hicimos esta pregunta después de la enésima negativa recibida luego de hacer una presentación. "Estábamos en un taxi en Nueva York. Nos dirigíamos a una reunión cuando nos dimos cuenta de que al mirar a la silueta de la ciudad podíamos contar más edificios que nos habían dicho "no" que edificios nos quedaban por llamar".

Era a comienzos de 2002, y Jeff y Bruce llevaban tres años luchando por su idea. El 11 de septiembre había alterado radicalmente el panorama inversor. La Bolsa se había hundido y el país estaba nervioso. Los inversionistas potenciales no tenían ganas de asumir riesgos. SiTV llevaba ya un año entero de retraso y casi no les quedaba dinero. El equipo estaba cada vez más desanimado. Algunos se temieron lo peor y abandonaron.

La mayoría de las personas habría echado la toalla en ese preciso momento. Razones no faltaban. Pero estos tipos no estaban listos para renunciar. "A veces, hacíamos bromas para poder seguir adelante: 'Veamos quién nos dice hoy que no'", cuenta Jeff. "Era necesario mantener el sentido del humor en medio de todo aquello. 'Nunca nadie ha intentado hacer lo que estamos haciendo', nos decíamos a nosotros mismos. 'Quizás no es que llevemos realmente un año de retraso; a lo mejor teníamos que haber previsto que costaría mucho más'".

Bruce interviene: "Quien no renunció fue nuestro banquero, Andy Franklin, de Citicorp. Recién nos dijo: 'Ustedes estaban tan comprometidos que me resultaba *imposible* abandonar el equipo'".

El compromiso empieza en casa

Como todos sabemos, los latinos tenemos una fuerte cultura familiar. Muchas veces hay familiares formando parte del equipo o de la alianza de mentes maestras. Siempre deberíamos tomar en consideración los sentimientos de nuestro esposo o de nuestra pareja porque, aunque no forme parte integral del organigrama "oficial", influye en nuestro éxito.

Cuando SiTV pasaba por su peor momento, Jeff Valdez habló con su mujer. "¿Y si esto no funciona?". "¿Qué ocurre si lo perdemos todo?". Ella respondió: "El día que te canses de todo esto o no puedas seguir, yo estaré ahí. Si tenemos que vivir en un *trailer park*[8] lo haremos. Mientras nos tengamos el uno al otro y a los niños, saldremos adelante".

El precioso compromiso de María le dio a Jeff la fuerza para continuar. Había estado viajando semanalmente de Los Angeles a Nueva York y a otras ciudades. Pasaba cada vez menos tiempo en casa. Y cuando estaba en la ciudad, trabajaba hasta tan tarde que su oficina había empezado a hacer de dormitorio. No es extraño que a Jeff le hiciera falta la reafirmación de su esposa.

---

[8] *Trailer park.* Comunidad de remolques y caravanas acondicionadas para la vivienda. Generalmente se asocia con una condición económica baja. (Nota del traductor).

El compromiso surge del propósito

Otro factor que le ayudó a Jeff a continuar fue su profunda pasión por lograr que los latinos tuvieran un trato igual en los medios. Deseaba fervientemente que los hispanos fuesen tratados en la televisión en inglés como "gente normal". Hay que recordar que hasta hace pocos años, prácticamente no había hispanos en los canales de televisión en inglés, ni en los de cable ni en abierto. Cuando aparecían, era normalmente como bandidos, traficantes de drogas o gamberros. Y esto era así a pesar de los millones de latinos bien educados y de clase media que viven en el país.

"No quería que mis hijos creciesen mirando la televisión y sin haberse visto reflejados en ella. Eso no es bueno para su autoimagen. No quiero que tengan dudas sobre su pertenencia a esta nación. Quería crear un nidito, una especie de hogar televisivo, en el que los latinos pudieran verse a sí mismos como ciudadanos contemporáneos de su país que experimentan todos los aspectos del *sueño americano,* los buenos y los malos".

Bruce es texano de nacimiento, y Jeff californiano por elección; Bruce es blanco, Jeff es café; Bruce se educó en Princeton, Jeff en UCLA; Bruce es un hombre de negocios, Jeff un cómico; Bruce es un conservador ferviente, Jeff un liberal implacable. A pesar de todas estas diferencias, están tan unidos como pueden estarlo dos socios. Ambos entiende el mercado y el consumo de información de los latinos. Pero lo más importante es que ambos son conscientes de todas las puertas que los medios de comunicación pueden abrir a tanta gente.

En la actualidad, SiTV es una realidad. Sus emisiones son vistas en más de seis millones de hogares estadounidenses. Para cuando este libro salga a la luz, la cifra rondará los 10 millones. En su lista de anunciantes hay clientes del Fortune 500. Muchos de los que pusieron en duda el concepto ahora integran el equipo. Entre ellos está Dish Network, su principal distribuidor de contenidos, así como importantes agencias de publicidad, tanto hispanas como del mercado general. Sin olvidar, por supuesto, a su banquero de inversión, Andy.

Mantener la implicación del equipo

Cuando tenía mi negocio, me esforzaba por que todos los miembros del equipo comprendiesen que el objetivo de la compañía era ser la mejor agencia hispana de publicidad del país. También me aseguraba de que todos tuviesen espacio para poner en práctica sus propias ideas de cara a avanzar hacia esa meta. Nuestro equipo directivo ponía el listón un poco más alto todos los años con nuevas estrategias. Y el equipo de gerentes intermedios contribuía a esbozar los pasos necesarios para llevarlas a cabo.

Todo el mundo tenía su propio campo de responsabilidad. La recompensa que recibía cada uno dependía de su trabajo y de las ganancias totales. Había también reconocimientos por las contribuciones especiales. Aquellos que superaban las expectativas recibían un reconocimiento especial en las reuniones mensuales y en la fiesta anual que hacíamos por Navidad. También mostrábamos nuestro agradecimiento a los mejores proveedores, a quienes no considerábamos como simples suministradores, sino como miembros especiales del equipo.

La agencia al completo se reunía los lunes por la mañana para comentar los últimos acontecimientos, repasar las tareas a realizar, compartir logros y fiascos, celebrar nacimientos, matrimonios, cumpleaños, etc. Lo más importante era hacerles creer lo que yo creía. Que estábamos destinados a ser la mejor y más grande agencia hispana de publicidad de Estados Unidos. Mejor y más grande que cualquiera de Nueva York. Mejor y más grande que cualquiera de Los Angeles.

¿Lo hicimos? Sí. Como SiTV. Teníamos algo en común: ¡nuestros equipos creyeron en que seríamos capaces!

VEINTE CONSEJOS PARA FORMAR UN EQUIPO Y
MANTENERLO UNIDO

1. Ten una meta clara —un propósito bien definido.
2. Escríbelo —ponle una fecha de cumplimiento.
3. Crea tu alianza de mentes maestras.
4. Asegúrate de que no se confunden las responsabilidades.
5. Redacta un plan de negocios.
6. Reúne a tu equipo en cuanto te haga falta.
7. Comunica al equipo tu meta y clarifícala a menudo.
8. Da a cada miembro una descripción específica de su función.
9. Diles qué hacer, no cómo hacerlo.
10. Dales las herramientas que necesitan.
11. Dales ánimo —aliéntalos.
12. Deja que marquen diferencias.
13. Reconoce su buen trabajo.
14. Premia sus esfuerzos.
15. Celebra las victorias y los logros.
16. Sé justo y consistente —no tengas favoritos.
17. Manténlos concentrados en el objetivo.
18. Dales responsabilidades reales.
19. Pídeles cuentas.
20. Mejora las estrategias —mantén el objetivo.

13

Pensamiento certero —Raymund Paredes

"Tu mente es como un terreno que te pertenece", dice Napoleón Hill. "Puede llegar a ser un hermoso jardín lleno de flores, o puede quedarse en un páramo atestado de rastrojos que brotan de las semillas depositadas por los pájaros y el viento". Me gusta esta metáfora. Como jardinero de tu propia mente, tienes dos opciones. Si decides tener un jardín fértil repleto de flores hermosas y exuberantes plantas, invertirás tiempo y los otros recursos necesarios para cuidarlo, abonarlo, regarlo y ahuyentar a los insectos perniciosos.

La segunda opción es dejar en paz a la tierra, sin preocuparse de ella, y esperar a ver qué pasa. Es posible que llueva lo suficiente. A lo mejor brotan flores silvestres. Quizás el vecino lo cuide. Pero ten cuidado, porque lo más probable es que en ese terreno crezcan las malas hierbas. Si piensas con precisión, elegirás la primera opción. La tierra ya es tuya. ¿A qué esperas? ¿Por qué no plantar algo hermoso de lo que puedas disfrutar?

En su época, Napoleón Hill no tuvo el placer de conocer a muchos latinos. A lo mejor hubiese identificado una tercera opción. Aquellos de entre nosotros que tienen dificultades con el pensamiento certero la consideran a menudo, quizás inconscientemente. Siguiendo con la metáfora del jardín, el diálogo interno iría más o menos así:

"No estoy seguro de si debería sembrar esta tierra. ¿Y si la pierdo? Además, no soy tan buen jardinero. Lo que planté en la otra casa se murió. ¿Y si no tengo dinero para abonar el jardín y cuidarlo adecuadamente? ¿Para qué voy a hacer algo si no va a salir bien? Me encantaría tener un jardín grande, hermoso y exuberante, pero no estoy seguro".

Lo que están pensando realmente, aunque no lo sepan es: "Me gustaría tener un jardín grande, hermoso y exuberante, *pero no estoy seguro de que me lo merezca*".

Este es un ejemplo claro de pensamiento no certero. Cualquier persona que quiera tener éxito de verdad se lo merece. ¿Tú te mereces el éxito? Por supuesto que sí. Por supuesto. Está claro. ¡Evidentemente que te lo mereces!

Pero...

Tienes que creer que te mereces el éxito antes de alcanzarlo. Que te lo mereces con todas las células de tu ser. Debes estar convencido de que nada te detendrá. Napoleón Hill lo dijo. Yo lo digo. "Tú puedes conseguir cualquier cosa que tu mente sea capaz de concebir y creer".

Pero...

Si no crees que te mereces el éxito, no llegarás ni a primera base. ¿Por qué? Porque no serás capaz de *concebir* realmente lo que significa tener éxito. Sólo podrás desearlo. No podrás *creer* de verdad que vas a triunfar. Simplemente llegarás a *esperar* conseguirlo.

Convéncete de que te mereces el éxito

Creer en que te mereces el éxito es el primer paso de un pensamiento certero. Si quieres pensar certeramente, toma la decisión ya mismo. "Me merezco el éxito". El pensamiento certero significa saber que no vas a ir al infierno por ser rico. Supone ser consciente de que querer ser increíblemente exitoso o famoso no te hace mala persona.

Recuerda que cada uno tenemos un concepto diferente del éxito. Para la Madre Teresa, el éxito era ayudar a los necesitados. Esta mujer era extraordinariamente famosa, y eso la ayudaba a cumplir con su objetivo. Para el director cinematográfico Raúl Mandovar, el éxito consiste en hacer una película inolvidable y en ganar un Oscar. En el caso del antiguo secretario de Vivienda Henry Cisneros, tener éxito es construir casas baratas y de calidad para los que invierten en un hogar por primera vez. Para ti puede ser sacarte un título universitario o poner en marcha tu propio negocio. O ganar $100 millones. Sea cual sea tu concepto, lo primero que debes hacer para conseguirlo es creer que te lo mereces.

A algunos latinos nos resulta fácil creer que nos merecemos el éxito. Pero a otros les cuesta mucho. Esto se debe, al menos en parte, a la fuerte dosis de pensamientos engañosos que recibieron nuestros antepasados hace 500 años, cuando el conquistador convenció a los nativos de no desear riquezas. El mensaje era que si lo hacían, corrían el riesgo de ir al infierno. "Dios ama a los pobres. Si eres pobre es más fácil entrar en el cielo". Este lavado de cerebro fue muy útil para colocar en su sitio a las poblaciones conquistadas. El problema es que algunos de nosotros todavía arrastramos estas creencias en nuestro subconsciente.

Religión y éxito personal

No es ningún secreto que los países con altos porcentajes de católicos son más pobres que aquellos con altos porcentajes de protestantes. Las razones son evidentes. La religión católica enseña a practicar la humildad, el sacrificio, la frugalidad y las virtudes del hombre común. No empuja a acumular riqueza ni a alcanzar logros y éxitos personales.

El Protestantismo se basa en principios radicalmente diferentes. Las palabras "protestante" y "ética de trabajo" muchas veces aparecen en el mismo contexto. Se elogia el trabajo duro y la dedicación en busca de un objetivo. Los protestantes calvinistas fomentaron la idea de que la riqueza es algo bueno y de que los hombres y mujeres que la consiguen han sido elegidos por Dios para mejorar sus vidas. También se les enseña que esos elegidos tienen la obligación de esforzarse para mejorar el mundo.

Los latinos llevan siglos alineados con la Iglesia Católica. La reina Isabel de España, que financió el viaje de Cristóbal Colón cuando descubrió América, tenía un apelativo muy interesante: Isabel *la Católica*.

Hoy en día vemos una nueva tendencia, el aumento de los latinos protestantes. Hace tan sólo 25 años, había 100,000 latinos protestantes en Estados Unidos. Actualmente, hay cinco millones. ¡Un crecimiento del 5,000%! Una de estas personas que merece la pena conocer es Raymund Paredes, el comisionado para Educación Superior de Texas. Él es quien me abrió los ojos a este nuevo paradigma.

¿Puede influir la religión en el pensamiento certero?

Los intelectuales, filósofos, teólogos y estudiosos llevan siglos debatiendo esta cuestión. Nosotros no vamos a resolver el misterio aquí. Pero lo que sí haremos será sacar a la luz algunas ideas y teorías para que les dediques un poco de tiempo y pienses en ellas.

"¿Cómo está *la Católica*?". Esa es la pregunta con sorna que le hizo su padre a Raymund cuando le telefoneó porque había escuchado que en UCLA los latinos estaban en plena huelga de hambre. Como decano de la escuela de posgrado de la universidad, Raymund era el latino de más alto rango en la administración. Se encontraba en una posición difícil, pero se lo tomaba con calma. Raymund miró desde su ventana a los estudiantes que protestaban con sus pancartas hechas a mano, lanzó un suspiro y le respondió: "Tienen mucha fe, papá".

Durante toda su vida, Raymund ha tenido que adaptarse a ser siempre *el diferente*. Es minoría por partida doble, por latino y por protestante. En 1892, su abuela por parte de padre fundó la Primera Iglesia Bautista Mexicana en su ciudad natal de El Paso, Texas. Esta iglesia no sólo fue idea y creación suya, sino que se convirtió en su fuente de orgullo y gozo. Cuando era una joven de 18 años, asistió a una ceremonia bautista de renacimiento y se convirtió allí mismo. Los servicios religiosos y las reuniones protestantes eran mucho más alegres y la llenaban más que las sombrías misas católicas. Además, los servicios bautistas eran en español, y los entendía mucho mejor que los católicos, que eran en latín.

Al contraer matrimonio y formar una familia, ella y su esposo criaron a sus hijos en la fe bautista. El más joven, Abel Junior, quien luego sería el padre de Raymund, llegó a ser un bautista de mucho renombre.

Abel Paredes y su esposa, Josefina, que se convirtió del Catolicismo cuando contrajo matrimonio, eran fervientes practicantes de su fe. También eran estrictos. Si los chicos no iban a la iglesia, no podían hacer nada más. Ni jugar, ni ver la televisión. Nada. Los domingos había escuela dominical, sermón dominical y servicio nocturno. Los veranos, durante las vacaciones, tenían que ir a la escuela para estudiar la Biblia. Raymund, su hermano y sus hermanas no pensaban que esta rutina fuese dura. Las cosas eran así, y punto.

Su mamá les leía la Biblia todas las noches. Los primeros recuerdos de Raymund son de estar con su hermano Abel y su mamá en la cama mientras ésta les leía la versión infantil de la Biblia. Las historias tenían dibujos, aventura, drama y suspense. Jonás y la ballena, Daniel y la cueva de los leones y, por supuesto, Caín y Abel (ésta no le gustaba mucho a su hermano). Las lecturas nocturnas dejaron un poso muy profundo en Raymund. Con ellas aprendió a amar la lectura y la literatura y adquirió un aprecio por la belleza y el poder de las palabras. Durante los servicios dominicales, el predicador llegaba al atril y se quedaba parado unos segundos. Luego abría la Biblia y la congregación se ponía en pie. Para el joven Raymund, esto demostraba lo sagrado y lo importante que es la palabra escrita.

Cuando le llegó la edad de ir a la escuela, Raymund ya sabía leer en inglés y en español. Le pasaron directamente al tercer grado. Su padre compró para toda la familia una Enciclopedia Británica, a pesar de que realmente no podía permitírsela. A Raymund le encantaba, y se pasaba horas devorando su contenido. Se dio cuenta de que fuera de su barrio había todo un mundo.

Cuando tenía unos 12 años y empezó a hacer amigos fuera de la familia, notó que la mayor parte de los otros niños eran católicos y se comportaban de manera muy distinta a él. La diferencia más importante que percibió fue la del papel del sacerdote como intermediario entre Dios y los fieles. También vio otras diferencias:

Los católicos confesaban sus pecados al cura.
Los bautistas se confesaban directamente con Dios.
Los católicos rezaban a Nuestra Señora de Guadalupe.
Los bautistas rezaban a Dios.
Los católicos tenían agua sagrada.
Los bautistas no.
Los católicos podían beber alcohol.
Los bautistas no debían hacerlo.
Los católicos podían ir a bailar.
Los bautistas no debían.
Los católicos mostraban el sufrimiento de Cristo en la cruz.
Los bautistas sólo mostraban la cruz.

Los católicos hacían la señal de la cruz.
Los bautistas inclinaban la cabeza.
Los católicos celebraban el día de los muertos.
Los bautistas celebraban la vida.
Los católicos hacían quinceañeras para celebrar el 15 cumpleaños.
Los bautistas simplemente cumplían 15 años.
Los católicos celebraban el día de su santo.
Los bautistas no tenían santos asignados. Ni siquiera tenían santos.

En las cenas de la familia Paredes se hablaba mucho de estas diferencias. Siempre surgía un debate cordial cuando la conversación derivaba hacia el tema de *ellos y nosotros*. La familia Paredes no estaba dispuesta a dejar que su opción religiosa les hiciera sentirse menos mexicanos. Entre ellos decidieron convencerse, y se decían: "Lo nuestro es lo correcto".

"Los católicos veneran la muerte, nosotros adoramos la vida. Nosotros no celebramos la muerte de Cristo, sino que celebramos al Dios que habita dentro de nosotros. No celebramos la tristeza, celebramos la felicidad". Estas conversaciones reforzaron la creencia de que podían sentirse cómodos en su religión con una actitud confiada y optimista. Y como los bautistas están acostumbrados a *defender su propio caso* directamente ante Dios por medio de la oración, estaban mejor preparados para enfrentarse a la realidad. "Si vas a defender tu propio caso, será mejor que sea bueno", solía decir el padre de Raymund.

El dicho favorito de la familia era: "Ayúdate, que Dios te ayudará". No era la frase que más se escuchaba en los hogares de los católicos latinos, que era: "Que sea lo que Dios quiera". Si Raymund, su hermano o sus hermanas sufrían alguna discriminación, su padre les decía: "Arréglense ustedes". A los chicos Paredes se les enseñó a ser hombres de verdad que se defienden a sí mismos. "Sé siempre respetuoso, defiéndete de los abusones y nunca te comportes con humildad. ¡La humildad no es una virtud!". Yo estoy de acuerdo. Muchos de nosotros pensamos que la humildad es una virtud, pero otros la ven como sumisión.

Llegados a este punto, puede que te estés preguntando: "¿Me está diciendo que tengo que convertirme al Protestantismo para pensar acertadamente?". Por supuesto que no. Sólo que se pueden aprender buenas lecciones de la educación protestante que recibió Raymund:

> No esperes que un intermediario defienda tu caso. Esa es tu responsabilidad, y de nadie más.
> No le des demasiada importancia al sufrimiento. Para tener éxito no hace falta sufrir.
> No confundas la humildad y la modestia con el servilismo.
> No aceptes que lo normal sea tener que luchar constantemente.
> No asimiles pobreza con bondad.
> No percibas la riqueza como algo malo o poco ético.

Paredes observa que hay muchos factores además de la religión que pueden contribuir al pensamiento certero:

1. *El apoyo y el ánimo de la familia.* Los hijos que crecen con el apoyo de sus padres, incluso si procede sólo de uno, tendrán mayor confianza y sentido de sí mismos.
2. *Tener padres que quieran una buena educación* para sus hijos y comprendan la diferencia que puede marcar una educación universitaria. Por ejemplo, durante el curso de sus vidas, un graduado universitario ganará $2 millones más que alguien que no acabó la secundaria. Eso es dos millones de veces mejor que ganar la lotería porque este premio está garantizado.

3. *Espíritu emprendedor.* Las personas que se educan en familias que tienen o han tenido su propio negocio desarrollan el sentido del optimismo, de la responsabilidad y del orgullo de ser propietarios, así como el de ganar su propio sustento y el de crear riqueza.

4. *Trabajo duro.* Esto siempre supera a la inteligencia. Si trabajas lo suficientemente duro, puedes lograr todo lo que te propongas. Muchas de las cosas que nos parecen fruto del ingenio son, en realidad, resultado del puro trabajo. Una gran parte de las personas que creemos que son excepcionalmente inteligentes es gente que tiene una inteligencia normal, pero que trabaja excepcionalmente duro.

5. *Hábito de ahorrar e invertir.* No hay que infravalorar la importancia de acumular un patrimonio. Gastar menos de lo que se gana, ahorrar e invertir parte de nuestra paga es clave para un pensamiento financiero certero y para la seguridad a largo plazo.

6. *Apreciar nuestra herencia cultural bilingüe.* No hay ninguna duda. Esta es una gran ventaja que nos permite entender mejor a los demás y a nosotros mismos. Es clave para el éxito en el siglo XXI.

7. *Habilidad para no victimizarse por la discriminación* y asumir responsabilidad por nuestro futuro. Si todo lo malo que te ocurre lo achacas a la discriminación, te conviertes en una víctima instintiva.

Desarrollando el pensamiento certero

Tu forma de pensar afecta a tus decisiones. Tus decisiones son las que te conducen al éxito. Por eso es vital el pensamiento certero. El pensamiento certero te lleva a tomar un porcentaje mayor de buenas decisiones. Cuantas más decisiones correctas tomes, antes lograrás tu propósito.

Al tomar nuestras decisiones cotidianas, todos tenemos nuestro patrón, nuestro estilo. Algunos preferimos fiarnos del instinto y resolver con la información que tenemos en ese momento. Otros preferimos recopilar información y sopesar todas los alternativas con cuidado.

En su best seller *Blink,* el autor Malcolm Gladwell nos dice que ambos métodos son adecuados para tomar decisiones correctas. El autor describe cómo la gente llega siempre a la misma conclusión, independientemente del tiempo que haya estado pensando sobre el problema o la situación. Hay resultados que lo prueban. Los seres humanos tendemos a llegar a la misma resolución tanto si absorbemos información durante meses como si lo hacemos unos pocos minutos. Dicho en otras palabras, el tiempo tiene poco que ver con lo certero de nuestro pensamiento.

El pensamiento certero depende sobre todo de lo consciente que somos de lo que tenemos a nuestro alrededor. La gente que tiene pensamiento certero es capaz de:

1. Distinguir la *verdad* de la mentira
2. Lo *real* de lo falso
3. Lo *correcto* de lo incorrecto
4. Lo *importante* de lo insignificante
5. Una *gran idea* de una mala

Hay gente que sabe inmediatamente que algo no va bien. Algunos son capaces de oler algo negativo a millas de distancia. Otros no lo huelen ni aunque se lo pongan debajo de las narices. Hay personas que en seguida saben si pueden o no confiar en alguien. Otras no aprenden nunca. Algunos saben cuándo tienen que apostar a las cartas que tienen en la mano y cuando pasar. Otros hacen la jugada equivocada una y otra vez.

Esto se llama intuición o sexto sentido. Te da una gran ventaja al tomar decisiones. ¿Pero qué es? ¿Es un talento innato o algo que se aprende? En realidad, es las dos cosas. Todo lo que tienes que hacer es escuchar. Confía en él. Cuídalo. Los que tienen este sentido:

- Son personas a las que genuinamente les gusta la gente. Son capaces de conectar con los demás y entender sus esperanzas, sueños y motivaciones.
- Escuchan con atención. Recuerdan lo que se dijo y quién lo dijo.
- Observan detenidamente e interiorizan los detalles de las cosas que pasan, sean pequeños o grandes.
- Estudian el lenguaje corporal y entienden el sutil mensaje que envía la forma en que la gente está parada, sentada, gesticula o se mueve.
- Están abiertas a las ideas de los demás y a otros puntos de vista.
- Tienen confianza en sus decisiones y no las ponen en duda después de tomarlas.
- Creen que lo que decidan saldrá bien.
- Creen que merecen tener éxito.

En resumen, las personas intuitivas están en contacto. Están en contacto con los demás y con el mundo alrededor suyo. No levantan muros para protegerse del exterior. Por eso son capaces de recibir las señales y los mensajes que las llevan, consciente e inconscientemente, a tomar buenas decisiones.

Hábitos controlados

Napoleón Hill siempre recalcaba que los pensamientos son lo único sobre lo que podemos ejercer un control total. Eso es cierto. De todos modos, debes saber que existen patrones de pensamiento heredados que influyen en tu forma de pensar. Esos patrones provienen de tres fuentes:

1. *Herencia cultural e historia.* Nosotros tenemos la cultura y la historia latinas. En este libro las describo en función de mis 25 años

de investigación. En muchos aspectos, nuestra historia y cultura nos hacen ser mejores. En otros, son un obstáculo a nuestra capacidad de alcanzar nuestros objetivos. No cometas el error de creer que nuestra historia sólo influyó en las generaciones pasadas. Hace poco organicé unos grupos de estudio para jóvenes latinos en situación de riesgo y descubrí que nuestra juventud todavía arrastra todo ese lastre cultural. Al igual que sus padres y abuelos, estos muchachos siguen creyendo que la mejor manera de ayudar a su familia es abandonando la escuela secundaria y poniéndose a trabajar.

2. *Herencia física.* Un lado del cerebro siempre funciona mejor que el otro. Si tu lado dominante es el izquierdo, tendrás más facilidad con las matemáticas y las ciencias. También prestarás más atención a los detalles. Si predomina el lado derecho, lo tuyo serán las artes, la música y la literatura. Puedes aprender a extraer lo máximo de tus habilidades naturales si dejas que uno de los miembros de tu alianza de mentes maestras se ocupe de las cosas que te resultan menos fáciles.

3. *Herencia social.* El lugar donde creciste, lo que hicieron tus padres, el amor y el apoyo que recibieron influyen en tu manera de ver la vida. Tus sentimientos respecto a la discriminación o respecto a ser parte de una comunidad minoritaria también tienen su efecto en tu actitud y en tu forma de pensar. Prestar demasiada atención a lo negativo puede ser un problema, ya que te acerca a aceptar la idea de que tu vida la dirigen otras personas o influencias externas.

En este capítulo hemos cubierto abundante e importante información. Hay mucho para pensar. No trates de abarcar todo de golpe. Sería bueno que lo releyeras varias veces. En cada lectura puede que encuentres una idea nueva. Y una nueva manera de mejorar tu pensamiento certero.

La adversidad como consejera
—Phil Fuentes

En toda derrota que experimentas hay un beneficio equivalente. Recuerda esa verdad. Si la aceptas, aprenderás de ella. Napoleón Hill hizo esta observación en 1936 y, hasta donde yo sé, nadie la ha negado —y mucho menos, aquellos que han conseguido importantes éxitos.

La palabra clave en la observación del Sr. Hill es "equivalente". Toda derrota trae consigo un beneficio equivalente. Si piensas en lo que esto significa y lo aceptas como un hecho, nunca más te sentirás paralizado, ni siquiera frenado, por la posibilidad de una derrota o un fracaso. ¿Por qué ibas a estarlo? Ahora sabes que si sufres una derrota temporal, vas a encontrar un beneficio equivalente. Todo lo que tienes que hacer es buscarlo. Siempre hay una lección, un consejo, que aprender. Así que ¿de qué tener miedo? ¡De nada! Sin embargo, mucha gente nunca da el primer paso hacia el éxito por miedo a fracasar.

Todo el mundo sufre derrotas

Es imposible alcanzar éxitos importantes sin pasar por derrotas. Nadie está exento de ellas. Incluso superestrellas como la hermosa Jennifer López han tenido sus fracasos, no sólo en películas para olvidar como *Gigli,* sino también en relaciones sentimentales de su vida real.

Henry Cisneros, uno de los latinos más admirados de Estados Unidos, pasó por un periodo plagado de escándalos personales cuando sirvió en el Gabinete del presidente Clinton. Hoy en día, es más respetado que nunca, tanto en su comunidad como en el mundo empresarial. Henry superó aquel periodo, y ahora gana millones y sirve a la comunidad donde vive y hace negocios. Es director de varias compañías. La más grande de ellas se llama American City Vista. Se dedica a construir hogares en parcelas renovadas de las zonas interiores y más pobres de las ciudades que han escapado al interés de otros promotores. También creó la organización sin ánimo de lucro American Sunrise para educar e inspirar a jóvenes en situaciones de riesgo y a sus familias. El fascinante Sr. Cisneros aprendió de la adversidad, y ahora las cosas le van mejor que nunca.

Cruz Bustamante, el teniente-gobernador de California, luchó tenazmente por la gobernaduría del estado, pero perdió la carrera ante Arnold Schwarzenegger. Después de la campaña conversé con él. A juzgar por su fortaleza de carácter, yo apuesto a que "volverá"[9].

Si aceptas la derrota como una simple prueba de tu compromiso, aprenderás de ella. Te harás más listo y más fuerte en tu viaje hacia tu objetivo fundamental. "Recuerda", dijo Napoleón Hill, "que la derrota no es un fracaso hasta que la aceptas como tal. La

---

[9] El autor hace aquí un juego de palabras y de situaciones con la frase *"I'll be back"* (Volveré), la famosa línea de Arnold Schwarzenegger en su filme *Terminator.* (Nota del traductor).

derrota no es algo bueno en sí misma, pero es una semilla de la que se puede extraer un beneficio".

La adversidad se convierte en una bendición

Cuando Phil Fuentes era un alegre bebé de seis meses, sus padres notaron que no se movía tan fácilmente como otros de su edad. Su lado derecho no tenía tanta movilidad como el izquierdo. Le llevaron al Children's Memorial Hospital de Chicago, donde le diagnosticaron un tipo muy raro de parálisis cerebral. Desde muy temprano, pues, tuvo que someterse a un tratamiento que le duraría toda la vida, con frecuentes viajes a la clínica local, donde pasaba todo el día. Su madre le preparaba el almuerzo para llevar, tomaban un autobús, al llegar pedían un número y esperaban dos horas hasta que empezaba la terapia.

Cuando estaba en segundo grado, en la Escuela Elemental St. Batholomew, los médicos recomendaron que el pequeño Phil fueran enviado a un centro educativo especial para niños con discapacidades. Su mamá no quiso ni escucharles. "A medida que Phil se hace mayor tendrá que ir adaptándose al mundo y a la sociedad", dijo. "Quiero que no haya fronteras para mi hijo. Tiene que ser capaz de hacer todo lo que pueda sin que nadie le frene".

La Sra. Fuentes habló con el director de St. Bartholomew y le convenció de que le permitiera quedarse allí a la vez que continuaba con su terapia ocupacional y física diaria. A partir de los 8 años, Phil comenzó a pasar por una serie de operaciones quirúrgicas que se repetirían todos los veranos durante cuatro años. En todo ese periodo la familia no tuvo vacaciones estivales (ante la decepción de sus dos hermanos y su hermana pequeña, que siempre estaban listos para ir de fiesta).

Las limitaciones físicas de Phil eran evidentes. El codo y la mano derecha parecían pegados de manera invisible al cuerpo; el puño siempre lo tenía cerrado. Cojeaba visiblemente de la pierna izquierda y pisaba con el pie derecho mirando hacia dentro. Tenía una pierna más corta que la otra. Le faltaban los huesos de las puntas de los dedos. La mano izquierda no tenía fuerza para agarrar. Nada de esto detuvo a Phil. Él quería hacer lo mismo que los otros niños, como montar en bicicleta, una habilidad que acabó dominando en el sexto grado.

"La gente siempre intentaba decirme lo que yo podía y lo que no podía hacer", explica Phil. "Soy realista. Sé que nunca jugaré de pivot con los Chicago Bulls. Pero también sé esto. Si no intento hacer lo que no he hecho nunca, nunca sabré si lo puedo hacer". Esta idea se convirtió en su mandamiento. Se la repetía a sí mismo siempre que surgía algún obstáculo. "Si no lo intento, nunca lo sabré". La repetía a todos los que intentaban colocar barreras en su camino. "Si no dejas que lo intente, nunca lo sabrás". Esta actitud quedó profundamente grabada en su conciencia. Phil la aprendió de sus progenitores. "No recuerdo que me impidieran hacer nada que yo ya hubiese decidido hacer, ya fuese montar en bicicleta o tener una ruta de reparto de periódicos. De mi papá y de mi mamá aprendí que la adversidad puede ser una bendición. Tenía parálisis cerebral. Pero nunca permití que eso me derrotara".

Eso está claro. Actualmente, Phil Fuentes es un empresario de gran éxito y visibilidad, propietario y operador de algunos de los McDonald's de mayor volumen de negocio en Chicago. Sus restaurantes consistentemente clasifican en el Top 10% a nivel nacional. Phil ha recibido el máximo premio que otorga la compañía por servicio al cliente y ha presidido las celebraciones del "Día de Phil Fuentes" en Cicero, un suburbio de Chicago donde posee y gestiona dos restaurantes.

Cuando tenía sólo 16 años, conoció a un corredor de Bolsa llamado Jim Olsen, y este hombre le introdujo a la filosofía de Napoleón Hill. A partir de ahí, se convirtió en su amigo y mentor para toda la vida. El hermano mayor de Phil estaba saliendo con la secretaria de Olsen y los presentó. Se hicieron amigos inmediatamente. Olsen quedó impresionado por la perspectiva vital tan optimista de Phil y por su actitud valiente. Decidió ser su guía, su protector. Empezó dándole consejos de inversión: "Invierte en el mercado de valores", le decía. "Restaurantes McDonald's es una buena compra".

Phil reunió hasta el último dólar que había ido ahorrando, $500, y lo invirtió en la cadena de restaurantes. Eso era mucho dinero para un adolescente, pero se fiaba de Olsen. Como ya habrás podido deducir, esta decisión tuvo un impacto muy importante más adelante en su vida.

Los beneficios de la derrota

Cada vez que Phil daba pasos para ascender un nuevo peldaño en el mercado laboral, había alguien que le decía que no podía o que no debía intentarlo. O que ni siquiera pensara en intentarlo. Este tipo de rechazo constante habría sido suficiente para descorazonar a cualquiera. Pero no a Phil. Su respuesta siempre era: "Si no me deja usted probar, nunca lo sabrá". Al mismo tiempo, se decía a sí mismo: "Si no lo intento, nunca lo sabré".

Cada entrevista de trabajo podría haber acabado en derrota. Incluso su duro trabajo como porteador en el Aeropuerto Internacional O'Hare de Chicago, donde estuvo empleado 11 años. La respuesta que recibió al ir a pedir este empleo fue: "Usted no está cualificado para este trabajo. Tiene que ser capaz de levantar equipajes pesados durante todo el día y de empujar sillas de ruedas con pasajeros frágiles. Está claro que su condición no le permitirá hacerlo". ¿La respuesta de Phil?: "Si no me deja usted probar, nunca lo sabrá".

Consiguió el empleo, y aprendió a mover maletas pesadas y a empujar sillas de ruedas a pesar de su discapacidad. Resultó ser una buena decisión, porque fue en el aeropuerto donde conoció a su futura esposa, Mary Ann, que también trabajaba allí. Dicho sea de paso, a los pocos meses, Phil se ganó el apodo de *Slick* porque era capaz de cargar más bolsas por minuto (22) que la mayoría de sus colegas "no discapacitados".

Phil sorteaba con buena disposición los duros retos que le surgían en su camino hacia el propósito fundamental que se había marcado: ser propietario de un restaurante McDonald's. Trabajó de "acomodador de Andy Frain" en el estadio de béisbol[10] y de agente de seguridad en el aeropuerto; fue a la universidad y obtuvo títulos en contabilidad y en ingeniería aeronáutica; se compró un *pace car*[11] de fórmula Indy e invirtió en Bolsa. Siempre que se embarcaba en un nuevo reto, la respuesta era un "no". Y siempre la transformaba en un "sí". La palabra "derrota" no entraba en su vocabulario, independientemente de lo difícil que pareciera su éxito a los demás.

Para cuando Phil celebró su 21 cumpleaños, su inversión inicial de $500 había crecido hasta los $10,000. Seguía trabajando como porteador en el aeropuerto O'Hare a la vez que estudiaba para sus exámenes de la universidad. Fred Turner, presidente ejecutivo de McDonald's, quien tenía su casa-oficina en la localidad cercana de Oakbrook, pasaba a menudo por el puesto de Phil debido a sus frecuentes viajes. Poco a poco los dos llegaron a conocerse bien. Un día, Turner se volvió hacia Phil y le dijo: "Deberías pensar en hacer carrera con nosotros".

Phil esperó hasta obtener su Máster, pensando que entonces estaría listo. Cuanto más pensaba en ser propietario de un McDonald's, más ilusión sentía. La idea fue creciendo hasta llegar a ser más que un deseo, hasta convertirse en un anhelo ferviente. Luego pasó a ser una expectativa. De modo que Phil inició el proceso y presentó la solicitud para adquirir una franquicia. Pensaba que todo iría sobre ruedas; después de todo, conocía al presidente ejecutivo de la compañía.

[10] Así es como se les llamaba a los empleados de esa histórica empresa creada por Andy Frain en 1924 y caracterizados por sus uniformes azul y oro.
[11] Vehículo cuya función es lanzar las carreras de autos (fórmula Indy en este caso) al inicio, o neutralizarla en caso de incidencias. (Nota del traductor).

Pero McDonald's tenía sus normas. Su primera solicitud fue denegada. "No tiene experiencia en los negocios. No tiene dinero suficiente en el banco". ¿Qué hizo Phil? Salió a ganarse la experiencia que le faltaba. Entró como socio en una pequeña empresa de cursos computacionales y trabajó en ventas y en mercadeo. Además, siguió ahorrando dinero. Casi todos los años volvía a presentar la solicitud, y siempre le ponían distintos inconvenientes.

En total, Phil fue rechazado cinco veces. Había llegado el momento de poner toda la carne en el asador. Nada se iba a interponer en el camino hacia su sueño. Pidió consejo a su padre y éste le puso en contacto con un abogado especializado en ese tipo de solicitudes y contratos.

¡Bingo, por fin una entrevista cara a cara!

La entrevista se inició bien, pero al notar las limitaciones físicas de Phil, el ejecutivo de McDonald's empezó a mostrarse dubitativo. "Creo que el reto de operar un restaurante puede ser excesivo para usted", le dijo.

"Nunca lo sabrá si no me da la oportunidad", contestó aquel joven determinado.

"Le llamaremos".

Phil fue aceptado como propietario-operador de un McDonald's en 1989, y el resto es historia. Trabajó más horas y más duro que nunca. Su sueño se había hecho realidad y no tenía ninguna intención de dejarlo escapar. Actualmente, además de todos sus logros y premios, Phil y Mary están educando a una nueva generación de ganadores. Su hijo de 15 años es un *Eagle Scout*[12], y su hija de 13 campeona nacional de *cheerleading*.

---

[12] El rango más alto en los Boy Scouts. (Nota del traductor).

Las causas principales del fracaso personal

Napoleón Hill enumeró las principales causas del fracaso cuando llevó a cabo sus investigaciones. Mis propios estudios me han confirmado que cuando los latinos fracasan, lo hacen por alguna de las razones que vienen a continuación. ¿Hay alguna que te cause dificultades o que te haya limitado en el pasado?

Si es así, no estás sólo. Muchos de los latinos ganadores que aparecen en este libro han experimentado, y superado, dificultades como éstas. Si alguna de estas causas se interpone en tu camino, toma hoy mismo la decisión de hacer algo para cambiar la situación:

1. Sensación de que no te lo mereces
2. Falta de propósito definido
3. Enojo por haber sufrido discriminación
4. Educación inadecuada
5. Falta de autodisciplina
6. Actitud de que "el mundo me debe"
7. Falta de ambición
8. Incapacidad para reconocer las oportunidades
9. Actitud mental negativa
10. Mentalidad de "golpeo antes de que me golpeen"
11. Deseos de conseguir algo por nada
12. Desconfianza ante los que no son familiares
13. Discriminación contra los anglos
14. Discriminación contra cualquier otra raza
15. Discriminación contra otras religiones
16. Falta de perseverancia y de acabar las cosas
17. Influencias desfavorables en la infancia
18. Incapacidad para tomar decisiones rápidamente
19. Romper habitualmente la palabra dada

20. No reconocer los propios errores
21. Aprovecharse de los empleados
22. Aprovecharse de cualquiera
23. Consistente ingratitud y malos modales
24. Miedo a la pobreza
25. Miedo a la riqueza
26. Miedo a la crítica o a no ser amado
27. Miedo a la enfermedad o a la vejez
28. Miedo a perder la libertad o a la muerte
29. Falta de disposición para hacer siempre un poco más
30. Deseos de venganza
31. Ego y vanidad inflados
32. Falta de visión e imaginación
33. Deslealtad
34. Incapacidad para inspirar a trabajar en equipo
35. Incapacidad para ser parte de un equipo
36. Exceso de precaución
37. Falta de precaución
38. Curiosidad impertinente
39. Propensión a chismear
40. Incapacidad para escuchar bien
41. Pereza persistente
42. Vida doméstica inestable
43. Abuso de sustancias
44. Darse demasiada importancia a uno mismo
45. Miedo al éxito

La lista es larga, y podría serlo aún más. Probablemente podrías añadir otras causas fijándote en personas que conoces y examinando cómo han sido derrotadas en su búsqueda del éxito.

Mi fracaso personal más importante fue no dedicarle el tiempo suficiente a mis hijos cuando eran pequeños. Estaba tan preocupado de mí mismo y de mi propio éxito que me perdí algunos de los años más preciosos de sus vidas. Me llevó muchos años reparar los efectos de mi ausencia. Hicieron falta muchas reuniones familiares para que ellos descargasen todos sus sentimientos. Ahora todo está bien y somos una familia unida y feliz. Pero ojalá hubiese sido más sabio.

Tu actitud ante la derrota

¿Conoces el cuento del trabajador de la construcción al que le preguntan cómo le va, y responde: "Pobre, chaparro y feo"? Intentaba ser chistoso, pero su humor reveló cómo se sentía: derrotado.

Sé consciente siempre de lo que dices, y especialmente de lo que te dices a ti mismo. Tus palabras dicen mucho acerca de tu actitud. Nunca permitas que sean palabras de derrota. Recuerda lo que dijo Napoleón Hill: "La derrota no es un fracaso hasta que la aceptas como tal".

Pensamiento creativo
—Anna Cabral

La visión creativa se encuentra en la gente segura de sí misma que no tiene miedo de probar cosas nuevas, en las pocas personas que no temen asumir un riesgo o mirar más allá del horizonte. Está presente en esos de ustedes que son innovadores y no tienen miedo a la crítica.

Cristóbal Colón tuvo visión creativa para adentrarse en aguas inexploradas y descubrir un nuevo mundo. La reina Isabel tuvo la visión creativa de financiar su viaje. Pablo Picasso tuvo visión creativa para inventar una nueva manera de pintar que causó una revolución y le proporcionó fortuna y riquezas.

Napoleón Hill apunta que la visión creativa pertenece sólo a aquellos que van un poco más lejos, que hacen más, que no se limitan a la jornada laboral de ocho horas, que no están obsesionados con el todopoderoso dinero. *Su objetivo es hacer lo imposible.*

Extrae un dólar de tu bolsillo

Míralo detenidamente. Lo más probable es que veas el nombre y la firma de Anna Cabral justo debajo del sello de la Reserva Federal de los Estados Unidos. Si su nombre no está ahí, a lo mejor es un billete falso. O viejo. El nombre de Cabral aparecerá durante años en todos los billetes en dólares. Es la tesorera de los Estados Unidos. Desde su oficina se ve el jardín delantero de la Casa Blanca. El despacho está lleno de hermosas antigüedades procedentes de algunos de los edificios de oficinas y hogares más históricos de Washington. En mi opinión, aparte del Despacho Oval, ella tiene el mejor despacho del mundo.

Anna Teresa Escobedo nació en San Bernardino, California. Cuando inició el primer grado, no sabía hablar inglés. Su padre era peón agrícola, un hombre con buenas manos que hacía un poco de todo y trabajaba más que nadie. Vivía para trabajar. Cambiaba frecuentemente de empleo, llevando a la familia de una ciudad a otra en busca siempre de un mejor salario. Había veces que mudaba a la familia de un lado a otro dentro de la misma ciudad porque pensaba que así mejoraría su situación. Los Escobedo raramente vivían en la misma casa más de unos pocos meses seguidos. Siempre que encontraba un trabajo mejor se mudaban. Si perdía su trabajo, se mudaban. Si era él quien lo dejaba, se mudaban. La familia nunca lo cuestionó. Siempre acataron y asumieron cada nueva aventura con una actitud alegre y positiva. No se puede negar que el Sr. Escobedo tenía algo de gitano dentro.

Quizás este estilo de vida nómada influyó en la joven Anna. Del primer al tercer grado sus calificaciones rara vez sobrepasaron la "D". La escuela no le interesaba demasiado. Sacar buenas notas no parecía tan importante. Solía soñar despierta hasta que sonaba la campana para irse a casa. A mediados del tercer año de colegio, su maestra, posiblemente frustrada por la falta de interés de Anna, exclamó: "¡Eres tonta. Ni siquiera lo intentas!"

La niña de ocho años quedó devastada. Esas palabras le hicieron sentirse horrible. También la enojaron profundamente. Tanto, que se hizo una promesa: "Nunca dejaré que nadie me diga eso otra vez". Su actitud cambió de la noche a la mañana. A tan temprana edad, Anna creó una visión para sí misma. Empezó a prestar atención en clase. De repente, lo imposible se hizo posible. Las "Ds" se convirtieron en "As". Empezó a poner toda su energía en los estudios, y eso provocó que sus maestros le respondieran también con más aliento y apoyo. Se dieron cuenta de que era excepcionalmente inteligente.

"Esta atención está muy bien", se dijo Anna. "Creo que me podría acostumbrar a esto". Nunca antes la habían elogiado en la escuela. Este súbito cambio ocasionó un giro total en su situación. Desde ese día, fue la estudiante estrella. Incluso superestrella. Las cosas nunca volverían a ser iguales.

Su madre y su padre habían dejado los estudios muy jóvenes, algo habitual entre las familias latinas trabajadoras de los 1970. No acabar la secundaria les había limitado mucho, y ellos lo sabían. Querían algo mejor para sus hijos. Pensaban que tener un diploma de la escuela secundaria era la llave para avanzar en la vida. Los Escobedo estaban decididos a que tanto Anna como su hermano y sus tres hermanas lo consiguieran.

A medida que la familia crecía, proseguían las mudanzas de un lugar a otro: Palm Springs, Donner Lake, San José, vuelta a San Bernardino. De vez en cuando, volvían a una ciudad o a un vecindario que ya conocían. A los niños eso les encantaba porque les daba la oportunidad de volver a encontrarse con sus viejos amigos.

Tanto la madre como el padre de Anna laboraban incontables horas. Al ser ella la mayor, le tocaba cuidar de la casa. Con 9 años, Anna era como un tercer progenitor para el resto de sus hermanos. Eran mamá, papá y Anna.

Un día, su padre se lesionó en la espalda. No podía ni andar ni trabajar. Luego se puso enferma su mamá y tampoco podía laborar.

No había ingresos. Aquella familia orgullosa y trabajadora tuvo que recurrir a los servicios sociales para sobrevivir, algo que les parecía inaceptable. Durante meses vivieron a base de maíz molido, leche en polvo, queso, mantequilla y pollo que suministraba el Departamento de Agricultura a los necesitados. Pero tenían claro que esta no era forma de vivir.

Pasados unos pocos meses, las cosas empezaron a mejorar. Papá se estaba recuperando, y en la escuela Anna iba tan bien que la colocaron en una clase especial para alumnos aventajados. Tan pronto como el Sr. Escobedo pudo caminar, compró una vieja camioneta y la familia entró en el negocio de la chatarra. Recorrían el vecindario en busca de cualquier objeto de desecho que pudiese tener algo de metal: lavadoras, acondicionadores de aire, estufas y cocinas viejas, refrigeradores e incluso latas de refrescos y de cerveza. Cuando encontraban un motor viejo, los jóvenes de la familia quitaban el plástico que recubría los cables para poder cobrar más dinero por el metal limpio.

A los 16 años, la responsable Anna decidió que era hora de trabajar a tiempo completo, ya que el negocio de chatarra no daba suficiente dinero para cubrir las necesidades familiares. Estaba en el tercer año de secundaria, pero había conseguido créditos suficientes para graduarse porque había tomado los cursos apropiados, siempre con calificaciones excelentes. "Ya he conseguido mi objetivo de lograr mi diploma", pensó. "Ha llegado el momento de ganar dinero para ayudar a la familia".

Cuando le dijo lo que iba a hacer a Phillip Lamma, su maestro preferido, éste decidió tomar cartas en el asunto. "*Tienes que ir* a la universidad", le dijo. "Eres una de las mejores estudiantes aquí; lo tienes todo para ir a la universidad. Si lo dejas ahora y te pones a trabajar, solucionarás un problema financiero a corto plazo, pero estarás renunciando a tus oportunidades de futuro".

"¿Universidad? Nunca pensé en la universidad".

"Bien, pues empieza a pensar ahora".

"No tenemos dinero".

"Yo encontraré el dinero".

"No puedo marcharme de casa".

"La Universidad de California en Santa Cruz (UCSC) no está lejos".

"No tengo un lugar para vivir".

"Vivirás en la residencia de estudiantes".

"No puedo pagar el alojamiento y la comida".

"También resolveremos eso".

"Pero mi familia me necesita".

"Les ayudarás más si consigues una educación. Deja que hable con tus padres".

El Sr. Lamma se pasó horas convenciendo a los Escobedo de que dejaran a su pequeña Anna ir a la universidad. Luego fue un poco más lejos: la ayudó a rellenar los formularios de admisión, ayuda financiera y alojamiento. Cubrió todas las bases. ¡Anna iba a ir a la universidad, sí o sí!

El abnegado trabajo de Phillip Lamma y su fe en la capacidad de Anna dieron resultado. ¡La jovencita fue admitida en el exigente sistema universitario californiano no para el primer año, sino que fue avanzada directamente al segundo año de carrera! Como premio adicional, resultó que el campus de Santa Cruz estaba cerca de la casa de su abuela. ¡Qué suerte! Después de todo, no iba a estar lejos de su hogar.

Se abre un nuevo mundo

Tan pronto como Anna llegó a Santa Cruz, fue asignada a un programa de trabajo-estudio dirigido por Olivia Chávez, responsable de la oficina de Desarrollo de Oportunidades Educativas. La Universidad de California trataba de reclutar estudiantes latinos, especialmente hijos de agricultores. La oficina se creó con ese objetivo y para darles apoyo y dirección cuando llegaran a la universidad. El trabajo estaba hecho a medida de Anna. Los estudiantes recién llegados se veían reflejados en ella. Era tan joven o más que muchos de ellos y provenía de una familia pobre y trabajadora. Encima de todo, las cosas le iban de maravilla en los estudios. Se convirtió en la tutora perfecta. El mentor perfecto. Un magnífico modelo a seguir.

Parte del trabajo de Anna consistía en acudir a las escuelas de secundaria locales a educar sobre lo que hace falta para ir a la universidad y tener éxito. Cuando hablaba y contaba su propia historia, veía cómo se iluminaban los ojos de los estudiantes. Casi podía oír sus pensamientos: "¡Si esta muchacha del barrio puede, yo también!".

Después de una de estas visitas, uno de los maestros se le acercó y le dijo: "Siempre pensé que estas sesiones con universitarios eran una pérdida de tiempo, pero me has hecho cambiar de opinión. Tú les hablas de forma que entienden. Buen trabajo. Y adelante".

Esas palabras, junto con la respuesta que estaba recibiendo de los estudiantes, convencieron a Anna de que podía ser una defensora de la comunidad latina y contribuir a cambiar las cosas, a marcar diferencias. Ahora tenía una nueva misión: mejorar la vida de la juventud latina por medio de la educación. Se apuntó a la mayoría de las organizaciones chicanas que había en el campus. Se puso a trabajar más que nunca. Sabía que podía marcar diferencias.

Durante su segundo trimestre, Anna, que ahora tenía 18 años, conoció a un alto y apuesto estudiante de derecho llamado Víctor Cabral en un evento estudiantil. Él estudiaba en UC Davis, no muy lejos de allí. Era un poco mayor que Anna y tenía un aire sabio, refinado y gentil. Se enamoraron con locura. Anna se trasladó a Davis para estar cerca de Vic. Se casaron. Les esperaba un brillante futuro. Los dos querían niños y los tuvieron: cuatro en cinco años.

Anna pasó a ser esposa, madre, estudiante y activista chicana. De todos modos, lo más prioritario era su papel de madre. En su tercer año de universidad dejó los estudios para cuidar de la familia, aunque no por mucho tiempo. Cuando el más joven de sus hijos todavía andaba con pañales, volvió y los acabó. A los 25 años, ya tenía su diploma.

Víctor había abierto su propio despacho de abogados y se estaba ganando una buena clientela. Anna tenía también su título y sopesaba sus opciones. Había empezado a trabajar en el despacho, ayudando a gestionar su funcionamiento, y lo encontraba apasionante y vigorizador. "¿Por qué no estudias derecho? Los dos podríamos ser abogados y trabajar juntos", sugirió Victor. Cuanto más pensaban en ello, mejor les parecía la idea.

Una vez más, entraron en juego la visión creativa y la imaginación. La joven pareja decidió ir a por todas. Anna solicitó entrar en un programa conjunto organizado por la Facultad de Derecho Boat Hall de Berkeley y la Escuela de Administración Kennedy de Harvard. Su admisión no sorprendió a nadie. Después de todo, había sido una estudiante brillante a lo largo de toda su carrera universitaria. Sin embargo, no fue sólo su inteligencia lo que le ganó la admisión. Tampoco fue sólo su capacidad para combinar el pensamiento certero con su visión creativa. Intervino también su dedicación a varios otros de los 17 principios desarrollados en este libro. Anna siempre hace algo más. Tiene iniciativa personal. Controla su atención. Mantiene una actitud mental positiva y organiza su tiempo y su dinero extraordinariamente bien.

La visión creativa va más allá de la imaginación

Cuando aconsejo a estudiantes universitarios, les pido frecuentemente que me hablen de sus proyectos para después de la graduación. Entre las respuestas más frecuentes están: "Todavía no lo sé; no estoy seguro". "Lo que me importa ahora es conseguir mi diploma. Cuando llegue el momento ya veré". Si insisto un poco, compruebo que suelen tener un sueño metido dentro de la cabeza, un sueño que no han revelado a nadie. O una fantasía que no han desarrollado completamente. En la mayoría de los casos descubro que su imaginación funciona, aunque no siempre va en la dirección de un propósito fundamental bien definido.

Para alcanzar ese propósito fundamental, es preciso ir más allá de lo que puedes imaginar. Necesitas organizar tu visión creativa y ponerla en marcha. Según Napoleón Hill, la visión creativa exige que estimules la imaginación de manera que te sirva para orientar tu trabajo hacia tu meta.

Hay gente que estimula su imaginación en formas poco útiles para avanzar hacia su propósito fundamental. Por ejemplo, el caso de la insensible maestra que le dijo a Anna que era tonta. ¿Qué habría ocurrido si un maestro te hubiese dicho eso a ti? Podía haber llevado tu imaginación en dirección equivocada.

"Dice que soy tonto".

"¿Soy tonto?"

"Quizás *sí* soy tonto".

"Debo ser tonto".

"¿De qué sirve intentarlo?"

Hay muchos jóvenes que habrían abandonado justo en ese momento. Si la imaginación de Anna se hubiese deslizado por el terreno de los pensamientos no constructivos, podría haberse perdido.

Otra reacción a ese mismo comentario podría ser:

"No le gustan los mexicanos".

"Me discrimina porque soy latino".

"Todos los anglos son malos".

"Nunca confiaré en ellos".

Si dejas que tu imaginación vaya a sitios oscuros, creará un ambiente de negatividad a tu alrededor que no tiene ninguna relación con la realidad. A lo mejor, la maestra de Anna aquel día tenía dolor de cabeza. Quizás se sentía frustrada, o cansada. Es posible que sólo quisiera *despertar* a Anna para que se esforzase más. Fuera lo que fuera lo que la impulsó a hacer aquel comentario desaconsejable, nunca lo sabremos. Sólo podemos dar gracias de que la visión creativa que vivía dentro de aquella niña alumbró un nuevo comienzo para ella.

La imaginación es algo fascinante. Poderoso. Tienes que tener cuidado con ella. Es como el viento, que puede volar en cualquier dirección. Tu responsabilidad consiste en dominar todo su poder y encauzarla hacia la consecución de tu propósito fundamental. Puedes hacerlo. Emplea el pensamiento certero, una actitud mental positiva y visión creativa.

Anna Cabral siempre supo que su propósito fundamental tenía que ver con ayudar a la gente, especialmente a los latinos. Es frecuente que las personas con visión creativa persigan este tipo de objetivos. Encaja con la descripción que hace de ellas Napoleón Hill: gente que siempre va más lejos, que siempre hace más, que no acepta los horarios de trabajo y a la que no le preocupan las recompensas materiales. *Su objetivo es hacer lo imposible.*

Esta definición describe perfectamente a Anna Cabral. Ella siguió haciendo lo imposible. El programa conjunto de Berkeley-Harvard le permitió elegir entre quedarse en California o mudarse al otro lado del país, a Massachusetts. Quedarse en California habría estado bien, pero lo que ella buscaba eran los cursos de Harvard. Tomaron la decisión: vendieron el bufete de Víctor y se fueron al Este.

La joven pareja y sus cuatro hijos reunieron sus pertenencias y viajaron 3,000 millas hasta Lexington, una pequeña comunidad a 15 millas de Harvard, donde los alquileres son más bajos. Sin embargo, en lugar de rentar, decidieron comprar una casa, un edificio destartalado con un millón de cosas que reparar. El plan era que Víctor se dedicara a arreglar la casa mientras Anna iba a estudiar. Los rendimientos mensuales procedentes de la venta del despacho cubrirían los gastos.

Mala idea. Víctor odiaba el trabajo de carpintero. Además, el trabajo que exigía la casa era mucho más que lo que podía acometer una sola persona. La pareja había calculado mal. "¿Qué tal si lo hacemos juntos?", preguntó Anna. "Será divertido; además, podemos aprender mucho".

"Suena bien", dijo Vic.

Trabajando juntos no sólo restauraron la casa, sino que la reconstruyeron por completo y añadieron una segunda planta, levantando un hogar hermoso y cómodo. Les llevó dos años e innumerables horas de dar martillazos, levantar paredes y pintar. Lo hicieron ellos solos, desde las ventanas nuevas hasta las tejas. Al mismo tiempo, Anna iba a la universidad y criaba a cuatro pequeños Cabral, uno de los cuales estaba creciendo más rápido de lo que deseaban.

Otra vez, las responsabilidades familiares interrumpieron su camino y Anna tuvo que retrasar los estudios de derecho para supervisar a sus niños. Víctor y Anna tenían una deuda acumulada de $100,000 por los préstamos que habían pedido para realizar sus estudios, y el dinero de la venta del despacho de abogados ya se había consumido. Para completar el sombrío panorama, ninguno de los dos tenía trabajo.

De nuevo era hora de recurrir a la visión creativa. Vendieron la casa y obtuvieron una plusvalía justo antes de que el mercado se desplomara. Víctor logró un puesto en el Departamento de Justicia, en Washington, D.C. Pero a Anna parecía que se le habían agotado las oportunidades para cumplir su propósito fundamental. El único empleo que encontró que requería trabajar con latinos era con el senador Orin Hatch, de Utah. Parecía un puesto perfecto para ella, pero la situación no le gustaba. Hatch era republicano, y Anna demócrata convencida. Y muy activa.

"Pruébalo", dijo Víctor.

"¿Qué? ¿Y venderme? ¡Ni hablar!"

"Dale una oportunidad. Él quiere realmente hablar contigo. Ésta puede ser tu oportunidad para contribuir a la causa latina".

A regañadientes, como señal de cortesía hacia su marido y porque no había ningún demócrata que tuviera disponible un puesto similar, Anna fue a entrevistarse con el senador.

Hatch le hizo una propuesta que no pudo rechazar. "Le necesito para ayudarme a cambiar las cosas con los latinos en Utah", dijo. "Si trabaja para mi, le prometo escuchar siempre lo que tenga que decirme, respetar sus opiniones y recomendaciones y hacer lo máximo para llevarlas a la práctica".

Aceptó el trabajo. El senador cumplió su palabra. La última decisión siempre la tomaba él, por supuesto, pero Anna fue su conciencia latina en el Congreso durante nueve años. Y una conciencia muy fuerte. En Washington, Anna observó que en la administración no se hace nada sin consenso. Aprendió a relacionarse con congresistas de los dos partidos. Estudiaba los temas que afectaban a la comunidad latina y ayudaba al senador a encontrar soluciones. Anna también descubrió que el Gobierno no es siempre la solución y que, a veces, es el problema.

Anna se llevó la experiencia adquirida en el equipo del senador a su siguiente carrera, como presidenta de la Asociación Hispana para la Responsabilidad Corporativa (Hispanic Association on Corporate Responsibility, HACR), una coalición de algunas de las organizaciones hispanas más importantes del país. La Asociación usa la influencia combinada de sus miembros para potenciar la participación de los latinos en el mundo empresarial de Estados Unidos. Bajo el liderazgo de Anna, la coalición obtuvo éxitos inéditos hasta entonces y docenas de latinos pasaron a ingresar en los consejos directivos de grandes firmas del índice Fortune 1000.

Luego de cuatro años en HACR, Anna aceptó la oferta que le hizo la Institución Smithsonian para dirigir su programa de comunicación y relaciones con la comunidad latina. Un año después, recibió la llamada del presidente Bush. "Le necesito", le dijo, y le pidió que aceptara ser tesorera de los Estados Unidos, uno de los puestos más deseados en Washington. Juró el cargo en febrero de 2005. Como tesorera, Anna promueve el proyecto del presidente para crear una *sociedad de propietarios* y contribuye a diseminar su mensaje en otras materias como la reforma fiscal y de la Seguridad Social, la seguridad nacional y la educación financiera, un tema muy importante para los latinos. Anna trabaja también para aumentar las oportunidades y los lazos económicos entre Estados Unidos y América Latina.

No está nada mal para la hija de una humilde familia trabajadora de California, para una joven que no hablaba inglés cuando llegó al primer curso. Y nada mal tampoco para la comunidad que ella tan bien sirve.

Actualmente se precisa visión creativa

Hoy en día hace falta más visión creativa que nunca:

- En un mundo cada vez más pequeño e interdependiente, aquejado por el terror y el miedo a perder la libertad, es preciso encontrar fórmulas para que las gentes de diversas culturas, orígenes y religiones se entiendan, se respeten, confíen y cuiden unas de otras.

- En unos Estados Unidos en los que muy pronto ya no habrá ningún grupo demográfico mayoritario, tenemos que comprender que, independientemente de quienes seamos, de dónde llegaran nuestros antepasados o el tiempo que llevamos en este país, compartimos objetivos comunes. Como estadounidenses, todos buscamos lo mismo, una vida mejor para nuestros hijos y la oportunidad de alcanzar el *sueño americano* sobre la base de nuestra iniciativa y nuestro esfuerzo.

- Necesitamos visión creativa para ayudar a levantar los espíritus de aquellos que han perdido su camino y de los que se autolimitan en sus aspiraciones.

- Necesitamos visión creativa para elevar las expectativas educativas de nuestra juventud y de sus padres, especialmente de aquellos que ni siquiera han pensado en ir a la universidad.

Buena salud
—Jeff García

Si tu mente concibe una idea y cree en ella, ella misma te ayudará a conseguirla. Eso ya lo sabes. Ser conscientes de esta verdad es lo que ha llevado a decenas de miles de personas como tú a conseguir cosas increíbles. Ahora ha llegado el momento de dar un paso más. Para eso tenemos que considerar la mente y el cuerpo como una unidad.

Una mente sana desarrolla un cuerpo sano. Un cuerpo sano alimenta el funcionamiento de una mente sana. Cada parte contribuye a la otra para formar una unidad perfecta. Hill la llamó mente-cuerpo. Tu mente-cuerpo está conectada con la Naturaleza. Son inseparables.

La influencia mente-cuerpo

¿Alguna vez te has enfermado sólo de pensar que podía suceder algo malo? Nos ha pasado a casi todos, en un momento o en otro. Es más fácil agarrar un catarro o una gripe cuando estamos estresados por el trabajo. Nos entra dolor de cabeza sólo de pensar en esa factura que no podemos pagar. El cuello y la espalda sufren por la preocupación ante un giro en nuestra carrera profesional. Es la mente que afecta al cuerpo. Es la relación mente-cuerpo en pleno apogeo.

En mi época de recluta, cuando estaba en el campamento de entrenamiento de los Marines, nuestro instructor anunció que al día siguiente íbamos a saltar desde una torre de 40 pies de alto a una piscina de 15 pies de profundidad. "Todos van a saltar", gritaba. "Hasta los que no saben nadar. Aprenderán a nadar de una manera u otra. ¡Los verdaderos marines nadan!".

Yo estaba muerto de miedo. No sabía dar ni una brazada. ¿Y si me ahogaba? Para empeorar las cosas, el día anterior nos habían llevado a la piscina para "observar" cómo hacían el ejercicio otros reclutas. Los entrenadores habían tenido especial cuidado en meterse con los que no sabían nadar; luego de hacerles saltar desde la plataforma de cuatro plantas, les habían dejado en al agua mientras agitaban los brazos desesperadamente hasta casi perder el conocimiento.

Me entraban nauseas simplemente de pensar en esa tortura. Aquella noche no pude dormir. Me poseía una imagen de estar a 15 pies bajo el agua sin poder salir a la superficie. Estaba aterrorizado. Al llegar la mañana vomité. Cuando nos alineábamos para subir a la torre, volví a vomitar, esta vez encima de otro recluta y en la misma piscina. "Saquen a ese idiota de ahí y llévenlo a la enfermería". Esas fueron las palabras más lindas que le oí decir al instructor. Fue interesante observar que cuando llegué al dispensario, mis problemas prácticamente habían desaparecido.

Afortunadamente, acabé el periodo de entrenamiento sin haber dado el salto. Hoy es el día en que pienso que lo que hice fue plenamente consciente. Mi mente le dijo a mi cuerpo lo que tenía que hacer para no saltar a aquella piscina.

Grandes atletas y el binomio mente-cuerpo

Los grandes atletas se esfuerzan por desarrollar la mente tanto como el cuerpo. Saben que sólo pueden ganar si sus mentes les dicen que ganarán. Por otro lado, si su mente es incapaz de convencer a su cuerpo, lo más probable es que pierdan, no importa lo bien preparados que estén físicamente. Lo mismo ocurre contigo. Al leer este libro estás poniendo tu mente en forma para el juego de la vida. Asimismo, querrás que tu cuerpo esté perfectamente entrenado. Un cuerpo fuerte y sano permite que tu mente funcione a pleno rendimiento.

Si te gusta la NFL, seguro que has oído hablar de Jeff García. Jeff fue el quarterback[13] titular de los San Francisco 49ers durante cinco años, donde rompió varios récords —algunos, incluso del mítico Joe Montana—.

Jeff García es un atleta que comprendió el concepto de mentecuerpo desde muy pequeño. Tan pronto como Jeff aprendió a andar, su padre, entrenador de football[14] de un *junior college,* empezó a llevárselo con él a sus partidos. Lo ponía a mirar desde la banda. Ya desde chico, Jeff aprendió a ver el juego con la perspectiva de los jugadores. Lo observaba y absorbía todo bajo la mirada protectora de su padre. Con el paso del tiempo, empezó a fijarse en cómo los jugadores trabajaban el aspecto mental antes de una competencia importante. Al llegar a la escuela secundaria, su padre le permitió entrenar con los jugadores del equipo universitario, a pesar de que eran más grandes y rápidos. Jeff aprendió a esforzarse mucho más, a ser más rápido y a jugar con más cabeza que los jugadores más experimentados. Siempre fue el tipo pequeño que trataba de competir con los más grandes.

La madre de Jeff es irlandesa, y su padre mexicano. Él tiene la piel tan blanca y el pelo tan claro que parece 100% *gringo.* Pero que nadie se equivoque. " Tengo una identidad latina muy fuerte. Me

---

[13] Posición principal en un equipo de football. El director del juego, el encargado de distribuir el balón. (Nota del traductor).
[14] Se mantiene el vocablo football, como en el original, para distinguirlo del fútbol FIFA (*soccer,* en EE.UU.). Se ha optado por utilizar las palabras originales sin cursiva porque se trata de términos generalizados en el argot de ese deporte, aun entre hispanohablantes. (Nota del traductor).

apellido García y estoy orgulloso de mi herencia", dice. "Nuestros valores nos enseñan a trabajar duro, a tener dedicación, a ser responsables y a estar unidos como familia. Estos son los valores que guían mi vida".

Ambos lados de la familia de Jeff son de California y tienen raíces en el campo. Por parte irlandesa fueron propietarios de una granja. Por parte mexicana, trabajadores agrícolas. Después de casarse, sus padres se fueron a vivir a un pequeño pueblo rural llamado Gilroy, no muy lejos de San Francisco y San José. Jeff tenía que hacer labores todas las mañanas antes de ir a la escuela. Daba de comer a los caballos y a los pollos, y colocaba los pesados caños de irrigación en su lugar para el riego de ese día. Todos los días hacía su trabajo y se comportaba educadamente para cumplir las altas expectativas que depositaban sus padres en él.

Jeff sentía la responsabilidad de ser un buen hijo. Cuando tenía 7 años, su hermano de 6 se ahogó durante un picnic familiar. Aún hubo más desgracias. Al año siguiente, su hermanita de cinco años murió al caer del remolque de un camión que manejaba su padre. Estas tragedias tan devastadoras fueron casi insoportables para la familia, pero instauraron en Jeff una enorme determinación. Su deber consistiría en hacer que sus padres ya no sufrieran ninguna desgracia más. De él dependía que fueran felices.

La pérdida de su hermano y su hermana le enseñó a Jeff que hay cosas imposibles de controlar. Asumió esta realidad, pero también comprendió que había otras cosas que sí podía manejar. Su mente. Su cuerpo. Decidió poner ambos en juego para alcanzar una meta que acababa de descubrir: llegar a ser quarterback de la NFL y a jugar en su equipo favorito, los San Francisco 49ers.

Los ritmos de la vida

Jeff García considera la preparación física y el estar en forma como parte del ritmo natural de la vida. "El cuerpo se fortalece con la alimentación y el ejercicio apropiados. La mente se fortifica tomando las decisiones correctas y teniendo las creencias adecuadas. Todo consiste en ponerlo en práctica", dice.

Tú también puedes lograr que estar en perfecta condición física sea parte del ritmo natural de tu propia vida. Pero es preciso que tomes esa decisión. Que hagas de ese trabajo un hábito. Y que no permitas que la idea de hacer ejercicio te consuma por tratar de hacer demasiadas cosas a la vez. Todos sabemos que no es posible llegar de la "A" a la "Z" en un sólo paso. Hacen falta 28. ¿Cuántos pasos necesitas para poner tu cuerpo en una condición física perfecta? Eso depende de cuál sea tu condición actual. Si estás en una forma relativamente decente y no tienes sobrepeso, puede que te cueste seis meses. Si llevas mucho tiempo pegado al sofá, puedes tardar un año, dos o incluso tres. Pero está bien. No importa en qué fase estés. Todo lo que tienes que hacer para llegar adonde quieres ir es empezar a andar.

La estrategia de Jeff para triunfar consiste en ir paso a paso. Al principio de cada partido se dice: "Voy a ser el mejor quarterback en esta cancha, en este día". En ese momento no está interesado en ser el jugador más valioso del Super Bowl. Todo lo que le importa es ser el mejor quarterback en esa cancha y ser el mejor quarterback ese día.

Si siempre que juega logra esos dos objetivos inmediatos, es casi seguro que lleve a su equipo a la victoria. Si su equipo gana a menudo, lo más seguro es que avanzará a los playoffs. Si el equipo llega a los playoffs a menudo, es muy probable que acabe yendo al Super Bowl.

Para aplicar la filosofía de Jeff a la preparación de tu cuerpo, basta con que *cada día* hagas el mejor entrenamiento que puedas *allí donde estés*. El método de Jeff te da permiso para concentrarte sólo en lo que puedes hacer y en lo que harás cada día. La siguiente técnica me viene muy bien a mi: cada noche al acostarme, pienso en cuánto voy a desear hacer mi rutina de ejercicio lo primero por la mañana. Un poco antes de que se me cierren los ojos, me digo a mi mismo: "Cuando me despierte por la mañana, estaré fresco y con ganas de hacer un buen entrenamiento. Lo haré antes de bañarme y de desayunar".

Por la mañana, cuando te levantes, vete al baño, cepíllate los dientes y péinate. Pero no hagas nada más, salvo quizás mirar un buen vídeo de ejercicios o leer una página de tu libro de gimnasia favorito. ¿Qué tipo de rutina debes seguir? En realidad, da lo mismo. Vete a una librería, o a Amazon, y escoge lo que prefieras. Cómprate un *Bow-Flex* si quieres. Lo importante es hacer *algo* todos los días (o en días alternos, si eso es lo que recomienda tu programa), y hacerlo lo mejor que puedas.

Algunos prefieren mantenerse en forma caminando una hora diariamente. Encuentran que este ejercicio es muy vigorizador, les alivia la tensión y el estrés y les da energía para funcionar a su mejor nivel. Otros prefieren prepararse para un maratón y correrlo. Hay gente que se decide por los rigores de un triatlón *Ironman*. Decidas lo que decidas, asegúrate de que lo haces. Para tener una mente sana hay que tener un cuerpo sano.

La fuerza de una actitud mental positiva

Pocos pensaban que Jeff García tenía lo que hay que tener para llegar a ser jugador profesional de football. Es demasiado pequeño. Los ojeadores de la NFL van a las universidades a buscar quarterbacks que midan por encima de 6' 3" y que pesen entre 220 y 240 libras. En su último año de universidad, Jeff medía 6' y pesaba 160 libras.

Para Jeff, su tamaño nunca supuso ningún problema. Recuerda que siempre jugó con chicos mayores y más grandes. Su carrera universitaria fue espectacular. En su primer partido como titular en la Universidad Estatal de San José, lanzó cinco pases de touchdown contra UNLV y ganaron el encuentro. En su último año fue seleccionado para el partido East-West Shrine. Era el juego final de su carrera como universitario. Cuando saltó a la cancha, el equipo del Oeste perdía 28-7. Lanzó tres pases de touchdown y logró una conversión de 2 puntos en el último segundo para vencer al Este 29-28. Toda su familia estaba presente en el estadio. ¡Qué manera de acabar la temporada!

Jeff inició su carrera universitaria brillantemente, jugó con consistencia y acabó liderando las tablas estadísticas, pero no recibió ninguna oferta de la NFL. Parecía que los ojeadores estaban más interesados en la estatura y en el peso de los jugadores que en su juego sobre la cancha. Él sabía que podía competir en la liga y no se amilanó. Mantuvo la fe y su forma física a tope mientras esperaba una llamada.

Finalmente, llegó.

Pero no era de la NFL. Los Calgary Stampeders de la Canadian Football League se arriesgaron donde la NFL no lo hizo. Contrataron a Jeff García para ser su quarterback. Fue una decisión muy acertada, porque Jeff llevó al equipo hasta la Grey Cup, el equivalente canadiense del Super Bowl.

García se iba adaptando y sintiéndose cómodo en su experiencia canadiense. Todo iba de maravilla. Era un héroe local y el equipo estaba jugando muy bien. "Parece que lo de la NFL no va a suceder. Será mejor que piense en quedarme a vivir aquí", pensó. Abrió un restaurante, Garcia's Mexican Restaurant, como un paso más para integrarse en la comunidad —y, claro está, para que no le faltase la comida mexicana en Calgary.

Pero la NFL observó el excelente y consistente trabajo que estaba haciendo García en Canadá y se fijó en él. Ahora había varios equipos interesados: los Oakland Raiders, los Miami Dolphins, los St. Louis Rams, los Jacksonville Jaguars y los San Francisco 49ers. Recibió ofertas en firme de Miami y de San Francisco. Por supuesto, Jeff firmó con San Francisco, el equipo que había adorado desde niño.

En San Francisco le esperaba un reto muy complicado. Joe Montana y Steve Young todavía eran héroes en la ciudad, y sus récords como quarterbacks de los 49ers, legendarios. A pesar de eso, Jeff rompió algunos de ellos. Fue al Pro Bowl tres años seguidos. Fue el primer 49er en lanzar 38 pases de touchdown en temporadas consecutivas y el primero en completar 300 pases en tres temporadas encadenadas.

Jeff García siempre fue el tipo más pequeño. El tipo más bajo. Pero con su trabajo y su juego se ganó el respeto y la admiración de los fanáticos y los jugadores de football de todo Estados Unidos. Y demostró que la NFL sí era para él. Todo lo que le faltaba de tamaño lo suplía con trabajo, estudio y entrenamiento. Mientras escribo esto, Jeff está en su 12ª temporada como jugador profesional. A sus 35 años, sigue disfrutando de este deporte igual que cuando empezó. "Ahora trabajo tanto como cuando tenía 21 años. Me esforzaré tan duro como haga falta para mantenerme en forma de competición".

Pensándolo bien, Jeff ha sido muy afortunado. Tuvo como entrenador a su padre. Desde muy joven tuvo ocasión de desenvolverse con jugadores mayores y más experimentados que le obligaron a superarse. Contó con el apoyo y el aliento de su familia y de sus amigos. Pero todo esto no garantiza el éxito. El éxito de Jeff llegó porque puso en práctica varios de los principios del éxito personal:

1. Se fijó como meta ser quarterback de la NFL.
2. Tuvo fe en su objetivo y la aplicó.
3. Siempre hace algo más.
4. Mantiene una actitud mental positiva.
5. Aplica la autodisciplina.
6. Inspira a otros a trabajar en equipo.
7. Sabe de la importancia del binomio mente-cuerpo.
8. Guarda una buena salud. Hace ejercicio todos los días

para que su cuerpo esté tan bien preparado como su mente.

Estimulantes efectivos del binomio mente-cuerpo

Napoleón Hill fue de los primeros en escribir sobre la importancia de la mente y su influencia en el cuerpo. En sus investigaciones descubrió 16 estimulantes mentales esenciales y beneficiosos para la salud de ambos. Yo he añadido varios de mi cosecha:

1. *Familia.* La unidad que completa la vida, especialmente para los latinos. Ayudarse los unos a los otros y estar ahí para darse apoyo es un estimulante maravilloso.

2. *Niños.* ¡La mayor alegría de la vida! En ellos vemos el futuro y lo mejor de nosotros mismos. Al enseñarles a ser buenos, te recuerdas a ti mismo que debes ser mejor. Al mostrarles cosas y sitios nuevos, tú también haces nuevos descubrimientos.

3. *Amor.* La máxima expresión de la energía positiva y de la emoción. Libera toda la energía creativa que impulsa el destino de la humanidad.

4. *Sexo.* Un deseo completamente natural. Es una expresión de amor, de intimidad y de confianza. No hay que desperdiciarlo nunca, ni siendo infiel ni haciéndose adicto a él. La infidelidad puede arruinar tu vida familiar y estancar tu carrera. La adicción al sexo te llevará a disipar tu energía. No te dejes tentar por los emails que llegan de sitios web escabrosos. El sexo es un gran estimulante. Ha inspirado tanto a mujeres como a hombres a hacer grandes cosas. Es también un método maravilloso de aliviar el estrés y de ganar tranquilidad.

5. *Amistad.* No podríamos vivir sin ella. Aprendemos juntos, jugamos juntos y compartimos nuestros secretos más íntimos con nuestros amigos.

6. *Alianza de mentes maestras.* La gente que camina contigo por el sendero del éxito estimulará tu imaginación y aumentará tu determinación para alcanzar grandes metas. También te ayudará en los momentos difíciles.

7. *Deseo.* Impulsa y estimula tu energía y tu pasión.

8. *Trabajo.* Dirigido adecuada y eficazmente es la esencia de la productividad.

9. *Ejercicio.* Elimina la frustración, libera el estrés acumulado y estimula el cerebro con un mayor flujo de sangre y oxígeno.

10. *Sueño.* Recarga el cuerpo y relaja la mente.

11. *Juego.* Deja que la mente consciente descanse y salga a relucir el subconsciente.

12. *Respiración.* Inspirar aire profundamente en los pulmones y el estómago relaja y mejora el funcionamiento del cerebro.

13. *Música.* Relaja, estimula e inspira la mente, el cuerpo y el alma.

14. *Agua.* Ocho vasos diarios, y no tendrás que ir al médico. La deficiencia de agua quita energía y debilita el sistema inmunológico.

15. *Autosugestión.* Hablar con tu subconsciente, especialmente cuando te estás quedando dormido, es una forma magnífica de descubrir nuevas ideas y de encontrar solución a los problemas.

16. *Fe y religión.* Los más nobles de los estimulantes. A menudo, son los más efectivos.

Recuerda siempre mantener el binomio mente-cuerpo en sintonía. Si trabajas excesivamente con la mente y no lo suficiente con tu cuerpo, puede que seas un genio, pero a lo mejor mueres joven. Si te pasas con el ejercicio físico y no haces caso a la mente, nunca conocerás tu verdadero potencial.

Gestionar el tiempo y el dinero
—Joe Reyes

Los hombres y mujeres que tienen éxito en alcanzar su propósito fundamental le sacan el máximo jugo a cada dólar. Y a cada hora. No pierden ni el tiempo ni el dinero. Habrás notado que las personas verdaderamente exitosas raramente tienen prisa. Es gente tranquila. No llenan su tiempo de actividades excesivas ni encajan en su agenda reuniones que no vienen a cuento. Saben perfectamente qué incluir en ella y qué dejar fuera. Guardan tiempo para la familia. Dejan espacio para vacaciones y para relajarse. Para actividades caritativas y para contribuir a la comunidad. ¿Qué quiero decir con esto? Que no hay que incluir en nuestra agenda nada que no nos acerque a nuestra meta.

La gente con éxito sabe emplear su dinero con criterio y equilibrio. No tiene miedo a gastar, pero tampoco desperdicia el dinero. No gasta más que el que tiene ni pide más que lo que puede devolver. Decide bien y con la cabeza. Muchos disfrutan tomando riesgos bien calculados. Cuando lo hacen, sólo asumen aquellos que les ayudarán a alcanzar su objetivo, su propósito fundamental definido.

¿Qué tal eres tú con tu tiempo y tu dinero? Veámoslo. Realicemos un pequeño chequeo utilizando una combinación de la lista de Napoleón Hill y la mía. Todos los días, respóndete a estas preguntas:

1. ¿Paso al menos 30 minutos cada día utilizando mi imaginación y mi visión creativa con la mirada puesta en la consecución de mi propósito fundamental?
2. ¿Alimento mi ferviente deseo todos los días?
3. ¿Hago todos los días al menos alguna cosa que me acerque a mi objetivo?
4. ¿Dedico un tiempo específico todas las semanas para explorar nuevas ideas con mi alianza de mentes maestras?
5. Cuando sufro un contratiempo temporal, ¿dedico tiempo a analizar qué he aprendido de ello y lo utilizo como una oportunidad para mejorar?
6. ¿Empleo realmente mi tiempo para planificar o sólo para soñar? ¿O (peor aún) para quejarme de lo que salió mal?
7. ¿Con qué frecuencia cambio mis planes en medio de lo que estoy haciendo y sustituyo el placer personal por el trabajo, y viceversa?
8. ¿Vivo cada momento como si fuera el único que me quedara?
9. ¿Pienso que cada momento es una oportunidad para cambiar mi vida a mejor?
10. ¿Es mi actitud mental tan positiva todos los días como puede serlo? ¿Se me va la cabeza hacia pensamientos negativos con frecuencia?
11. ¿Despliego mi iniciativa personal todos los días?
12. ¿He ido hoy más lejos, he hecho más que lo que tenía que hacer?
13. ¿He leído esta semana algún artículo o algún libro, o he seguido el ejemplo de alguien que admiro, para seguir avanzando en mi camino hacia mi propósito fundamental?

14. ¿He releído hoy seis veces mi propósito fundamental?
15. ¿A lo largo del día he mostrado los atributos de una personalidad atractiva?
16. ¿He aplicado hoy mi fe? ¿Creo firmemente en mi propósito fundamental?
17. ¿He controlado durante el día mi autodisciplina, o me he dejado llevar por mis emociones descontroladas?
18. ¿Sustituyo mis miedos y mis ambiciones con pensamientos positivos?
19. ¿Me estoy liberando de las barreras levantadas por las ideas negativas o equivocadas de las generaciones pasadas?
20. ¿Mis pensamientos y acciones hoy han inspirado a la cooperación?
21. ¿Qué problemas he resuelto? ¿De qué manera he reclutado hoy la colaboración de mi alianza de mentes maestras o de mi equipo para resolverlos?
22. ¿He practicado deporte hoy?
23. ¿He pasado al menos una hora de calidad con mi familia?
24. ¿Este fin de semana pasé al menos ocho horas de calidad con mi familia?
25. ¿Les he dicho hoy a todos los miembros de mi familia que les quería?

Este último punto se cumple en un segundo y genera satisfacciones increíbles.

No sacrifiques una cosa por tener otra

Algunos creen que para conseguir riquezas o éxito hay que sacrificar parte del tiempo con nuestra familia. Eso sólo es cierto si te lo crees. Recuerda que tu mente te dará lo que tú le indiques. "Para conseguir mi objetivo, tendré que sacrificar mi vida familiar". Si piensas eso, conseguirás tu objetivo, pero a expensas de tu familia. Si le dices a tu mente: "Para conseguir mi meta tendré que sacrificar mis fines de semana y mis vacaciones", dedicarás todo tu tiempo a trabajar sin descanso. Y eso no es bueno ni para el cuerpo ni para el alma.

Para tener un buen equilibrio entre el trabajo, la familia, la comunidad y el tiempo libre sólo hay que dar a cada cosa la misma importancia. Trata el tiempo dedicado a tu familia como tratas el tiempo que dedicas a los negocios. No borres a tu familia de tu agenda sólo porque te llamó un cliente o un jefe. El partido de fútbol de tu hijo es tan importante como lo demás. La historia que viene a continuación es un ejemplo perfecto.

El fundador de la empresa latina más grande de Estados Unidos encontró tiempo para hacer todo lo que quiso. Encontró tiempo para ayudar a criar siete hijos y una hija. Tuvo tiempo de educarlos y de prepararlos para que fuesen sus socios y le ayudaran a dirigir el negocio familiar. Encontró tiempo para mantener viva la llama del amor hacia su mujer de 50 años, Frannie. Tiene tiempo para disfrutar con sus 21 nietos. Encuentra tiempo para viajar y para servir a su comunidad y a su iglesia. Y para hacer ejercicio todos los días.

Joe Reyes hace mucho ejercicio. A sus 78 años, se ve tan joven y fuerte como Arnold Schwarzenegger. Hace 300 abdominales al día. Joe siempre tiene la sonrisa en la cara y una palabra amable para todos. Yo lo veo como un Ronald Reagan latino con músculos de acero.

A Joe le gusta pasar desapercibido. Evita la publicidad. A lo largo de su carrera siempre se ha mantenido alejado de la luz pública, pero nunca ha estado lejos de su trabajo. La compañía que él fundó se convirtió en Reyes Holdings LLC, y es dirigida ahora por varios de sus hijos. Es la 17ª empresa más grande de Estados Unidos de entre las no cotizadas en Bolsa.

El distinguido Sr. Reyes siempre luce como si estuviera a punto de hacerse un retrato: los zapatos, relucientes; los trajes, a medida; las hermosas camisas blancas de lino irlandés, impecables; sus corbatas de seda, ostentosas pero con estilo; del bolsillo de su chaqueta siempre sobresale la punta, dos pulgadas, de un brillante pañuelo hábilmente colocado. (Antes se me olvidó mencionar que Joe también encuentra tiempo para vestir).

Joe Reyes se autodenomina "un verdadero mexicano y un verdadero vendedor ambulante", aunque no nació en México y nadie diría que es un vendedor ambulante. Según él, ser vendedor ambulante es la forma más elevada de humanidad. Quizás tenga razón. Joe se ha ganado la vida muy bien vendiendo de todo, desde cerveza a puentes, pasando por carne de hamburguesa y cajas de cartón. Así describe la revista *Forbes* su compañía:

> Esta empresa firmemente familiar, Reyes Holdings, controla dos cosas complementarias: los alimentos y la cerveza. Por medio de sus filiales, Reyes Holdings distribuye sus productos a lo largo y ancho de las Américas (norte, sur y centro). Una de estas, The Martin-Brower Company, suministra a los restaurantes McDonald's de Estados Unidos y Canadá, así como a los de Brasil, Centroamérica y Puerto Rico.
>
> Reyes Holdings también es propietaria de Premium Distributors of Virginia, Chicago Beverage Systems y California Harbor Distributing, entre otros mayoristas. Reyes opera centros de distribución en Estados Unidos y en otros seis países. La empresa es propiedad de los copresidentes del directorio, Chris Reyes y Jude Reyes, y de su vicepresidente, David Reyes (hijos de Joe).

Los hermanos Reyes se hicieron recientemente con Reinhart, el tercer distribuidor independiente de servicios de alimentación del país. Ambulantes no sabemos, pero vendedores, seguro.

¿Cómo hizo todo esto Joe, el fundador de este imperio? Esto es lo que él dice:

1. Sin tener miedo
2. Teniendo confianza
3. Sabiendo escuchar
4. "Abandonando nunca"; (luego, más sobre esto)
5. Empleando bien el capital obtenido en préstamo
6. Manteniendo los ojos abiertos a nuevas oportunidades
7. Forjando y conservando muchas amistades
8. Asegurándose de que todos ganen
9. Gestionando bien el tiempo
10. Gestionando bien el dinero
11. Con mucha suerte

Aprender a tener confianza y a no tener miedo

Joe lo aprendió como piloto de caza de la Marina, mientras tripulaba F4Us en Corea. Al acabar la guerra, tenía en su haber 200 misiones, lo que le valió la distinción de *Doble Centurión*. La muerte le rondó de cerca muchas veces. Había noches en que, al volver al portaaviones después de una misión, la oscuridad era absoluta. Sólo sabía que la minúscula pista del barco donde tenía que aterrizar debía estar allá afuera, en algún punto. A veces tenía suerte y caía un rayo que le permitía vislumbrar mínimamente su posición. Aliviado de haber encontrado el navío, Joe iniciaba entonces la maniobra de aterrizaje. Pero la furia de aquellas tormentas hacía que el portaaviones se bambolease de un lado para otro, arriba y abajo, para delante y para atrás. Le tocó hacer muchos aterrizajes angustiosos en los que a punto estuvo de caer al mar debido a la lluvia y al vendaval que azotaban a su pequeño monoplaza.

"De todos modos, lo peor no era el aterrizaje", dice Joe. "Era el fuego enemigo que tenía que esquivar". De su promoción de

47 pilotos, al acabar su servicio sólo quedaron 13. Uno de ellos era Joe.

Nunca recibió un impacto.

Admite que durante las misiones sentía que la mano del Señor guiaba su avión. Después de sobrevivir todo aquello, Joe supo que ya no podía tener miedo a nada. Su confianza creció. "Ahora me puedo enfrentar a cualquier cosa", se dijo.

Aprender a aprovechar las oportunidades

Luego de su periplo en la Marina, Joe Reyes volvió a Estados Unidos a casarse con el amor de su vida, la muchacha más bonita del mundo, Frannie Collins. Fue a la Universidad de Maryland, sacó su diploma en ingeniería eléctrica y entró a trabajar inmediatamente en Westinghouse Corporation, donde colaboró en el desarrollo de sistemas de radar y en proyectos de carácter secreto. Tras seis buenos años allí, dejó la empresa para crear su propia firma de consultoría. Su trabajo consistía en representar a firmas que querían hacer negocios con el Gobierno federal. Pronto consiguió para sus clientes contratos con varios departamentos, entre los que estaban el de Defensa y el de Transporte. No paraba de hacer negocios y cerrar contratos. Y le encantaba. Así nació su amor por "vender".

Una de las compañías que él representaba nombró a un nuevo presidente ejecutivo, y éste le dijo: "No hagas nada sin antes hablar conmigo. Yo te diré a quién llamar y qué decir".

A Joe aquello le sentó bastante mal. Comprendió que la química de aquella relación no era la correcta y renunció inmediatamente. Pero buscó otra vía: llamó directamente a los jefes de las cinco divisiones que operaban por debajo de aquel presidente para informar de lo que había sucedido, y cuatro de ellos le contrataron inmediatamente. "Te necesitamos Joe. Tú preocúpate sólo de traernos contratos", le respondieron. Joe siguió ampliando su negocio y mantuvo su libertad.

Continuó forjando nuevas relaciones y generando nuevas oportunidades. Empezó a representar a empresas cada vez más grandes. Una de ellas era Mason and Hanger, una importante constructora fundada en 1827. Fue la que construyó la presa Hoover, la autopista de Pennsylvania, el puente Golden Gate y muchas otras infraestructuras —bases militares, carreteras y puentes— de todo el mundo. Joe la hizo todavía más grande al negociar lucrativos contratos para obras públicas valorados en cientos de millones de dólares. Joe era ya un maestro en su campo: *el de enfocar su tiempo solamente en lo verdaderamente importante y en las grandes oportunidades.*

Abandonar nunca

Las primeras palabras que salieron de la boca de Joe cuando me senté con él para la entrevista en el University Club de Washington, D.C., fueron: "Diles a tus lectores que hagan cuatro cosas: Escuchar. Buscar oportunidades. Abandonar nunca. Y aprender de sus errores y contratiempos temporales; que estos se conviertan en retos para propulsarles hacia cosas mejores".

"Quieres decir, no abandonar nunca, ¿no?".

"Quiero decir, abandonar nunca. Piensa en ello. Verás como te empieza a gustar", respondió Joe con un brillo en los ojos. Yo seguía confundido.

Sólo cuando hablé con mi otra mitad (la más inteligente), mi esposa Kathy, comprendí en toda su medida la sabiduría de lo que había dicho Joe.

"Claro, ya lo veo", dijo Kathy. "Es como aquel boxeador que decía: 'Imposible es nada'. Es una forma de darle vuelta a las palabras que te obliga a pensar. Si abandonas la palabra 'nunca', quiere decir que dejas de utilizar esa palabra. Imposible es una palabra negativa; es mejor no utilizarla. 'Nunca' es tan negativa que es mejor no decirla tampoco. ¡Creo que abandonaré 'nunca'!"

Joe mira las cosas desde una perspectiva diferente. A la mayoría de la gente que tiene éxito le encanta dar consejos. Joe prefiere escuchar. "Escucha y busca oportunidades, busca oportunidades, busca oportunidades". Lo entendí en aquel preciso instante. Joe es parco en consejos y elocuente con el ejemplo.

El padre de Joe fue empresario. Él también predicaba con el ejemplo. Empezó en los campos de petróleo de Ranger, Texas. Contrajo matrimonio y se instaló en San Antonio. Allí abrió con un amigo un negocio de viajante, vendiendo comestibles a pequeñas tiendas familiares durante la Depresión. Eran tiempos muy duros. Lo intentaron durante varios años, pero, al final, tuvieron que cerrar. Luego puso un negocio de velitas dirigido principalmente a las familias mexicanas. Pero éstas eran demasiado pobres para comprar nada, y tuvo que volver a clausurarlo. Volvió una vez más, esta vez con una empresa de distribución de comestibles más grande. Por tercera vez tuvo que bajar la persiana; había permitido que demasiados de sus clientes acumularan excesivo crédito. Pero el Sr. Reyes volvía una y otra vez con nuevos proyectos. Nunca abandonó. O, mejor dicho, "abandonó nunca". Y siempre ganó lo suficiente para mantener a su familia. Años después, el viejo Reyes llegó a ser delegado, y muy bueno, de uno de los negocios que representaba su hijo Joe en Dilly, Texas. El hombre se divirtió mucho trabajando para su hijo. Joe aprendió una lección muy importante de la fortaleza de su padre. A abandonar nunca.

Hacer amistades y gestionar el dinero

Cuando Joe Reyes trabajaba como ingeniero en Westinghouse ganaba unos $7,000 al año, lo que no estaba nada mal en aquellos tiempos. Un buen amigo de su total confianza, graduado de la Universidad de Georgetown, se le presentó con una gran oportunidad: quería diseñar, promover y construir una hermosa colonia de viviendas unifamiliares en Maryland, cerca de Washington, D.C.

"Todo lo que me hace falta para sacarlo adelante son $150,000", dijo el amigo. Joe revisó la propuesta y quedó convencido de que tendría éxito.

"¿De dónde sacarás el dinero?"

"Préstamelo".

"¿Estás loco? ¡Yo no tengo tanto dinero!"

"Entonces consigue la financiación para mi".

"Consíguela tú".

"Tú eres el vendedor, no yo. Tú puedes hacerlo. Yo te mostraré cómo".

"¿Cómo?"

"¿Ves todos esos ingenieros que trabajan contigo? Apuesto que todos y cada uno de ellos tienen ahorrados al menos $10,000. Sólo están ganando un 4% de interés en el banco. Diles que tú les pagarás una tasa del 12.5% anual y que les devolverás el principal en cinco años. Si no lo aceptan, diles que les devolverás el dinero en tres años. Si haces esto, te hago mi socio. ¿De acuerdo?"

"De acuerdo".

Para sorpresa de Joe, todos sus compañeros de trabajo querían participar. No sólo eso, los amigos de sus colegas también querían entrar en la operación. Joe les caía bien, les inspiraba confianza. Le habían visto trabajar. Era su amigo. Joe y su camarada de Georgetown construyeron los condominios, los vendieron rápidamente y realizaron sus ganancias. Los inversionistas recuperaron su dinero y ganaron tres veces más de lo que habrían recibido en el banco. ¡Todo el mundo ganó! Cincuenta años más tarde, las casas siguen allí, en uno de los enclaves más hermosos de la zona.

De esta experiencia, Reyes aprendió dos cosas: el valor de la amistad y del dinero. "Cuantos más amigos tengas y mejor les escuches, más oportunidades te llegarán. Los amigos hablan a sus amigos de ti. Es una oportunidad que se multiplica geométricamente. Así es como conseguí los $150,000", dice Joe.

Al utilizar el dinero de otros, también aprendió la importancia de gestionar su propio dinero. "No hay ninguna cárcel para deudores", dice. Tiene razón. No te meten entre rejas por pedir prestado. Los bancos toman prestado constantemente de la gente que deposita en ellos sus ahorros. Así es como ganan dinero.

Al igual que un banco, Joe pidió prestado. Como los bancos, obtuvo un rédito. Y como los bancos, hizo que sus prestamistas obtuvieran una rentabilidad. Aprendió a hacer cosas y a producir resultados aunque el dinero no fuese suyo.

Hay muchas cosas que se pueden aprender del reservado Sr. Joseph A. Reyes. Y la principal es ésta: *si organizas tu tiempo y tu dinero conforme a tu manera de ver tus metas y tus oportunidades, serás tan rico como lo desees.* Y no me refiero sólo a riqueza material. Hablo de riqueza de corazón, del alma y del espíritu.

La fuerza de la rutina
cósmica
—Virgilio Elizondo

El 17º y último principio de Napoleón Hill. La fuerza de la rutina cósmica es la guinda del pastel. Te da la posibilidad de pensar y ser rico con un sentido de plenitud y de espiritualidad. Esta lección la podemos interpretar mejor a través de la historia del respetado teólogo padre Virgilio Elizondo.

Hablemos un poco sobre Virgil. En 2000, la revista *Time* dijo de él que era "uno de los líderes espirituales del nuevo milenio" (¡o sea, de los próximos 1000 años!). En el mismo número, la revista hablaba de Martin Luther King y de Gandhi como líderes del milenio pasado. Cuando el Consejo Mundial de Iglesias elaboró un CD en el que se narraban las últimas horas de Cristo en la Tierra, eligieron las voces del padre Elizondo y del reverendo Billy Graham, entre otros. Este hombre está en buena compañía. Y al conocerle, yo también.

Kathy y yo nos solemos reunir para cenar con nuestro amigo Virgil aproximadamente una vez cada tres semanas. Disfrutamos así los tres de los maravillosos platos que cocina mi esposa y de los excelentes vinos que selecciona. Y hablamos. Muchas veces hasta muy tarde. Kathy y Virgil son intelectuales. Se les ocurren unas ideas, observaciones y perspectivas fantásticas. Yo soy más como la típica mosca pegada a la pared. No es que me quede totalmente callado, pero prefiero observar. Aprender. Y registrarlo todo.

Echando la mirada atrás, compruebo que muchas de nuestras conversaciones, de una manera u otra, han tenido que ver con la ley de la fuerza de la rutina cósmica. Esta ley dice que *toda criatura viviente, toda partícula material, está sujeta a la influencia de su entorno.* Dicho de otra manera, es la ley que reconoce que nuestros hábitos están influenciados por el entorno que nos rodea.

Una persona que crece en un ambiente de drogas, pobreza, infelicidad y crimen tiene más probabilidades de desarrollar hábitos que generan dolor y fracaso. Por el contrario, una persona que crece en un entorno estimulante, positivo y de cariño, tiene más cartas para adquirir hábitos que conducen al éxito.

Sólo unos pocos en nuestro mundo industrializado son capaces de superar los efectos de un entorno negativo y llegar a hacer grandes cosas. Por otro lado, son también pocos quienes partiendo de una situación confortable logran mejorarla ampliamente. Tanto si creciste en medio de la pobreza como si procedes de una cómoda situación de clase media, tú eres una de esas personas que vas a mejorar lo que tuviste al nacer. Por eso estás leyendo este libro.

Napoleón Hill explica la fuerza de la rutina cósmica con estas palabras. "El más gran ejemplo de la fuerza de la rutina cósmica es el funcionamiento de los cielos. Las estrellas y los planetas se mueven con una precisión perfecta, como un reloj. No se chocan. No se desvían de su curso. La atracción y la repulsión hacen que sigan moviéndose con tanta precisión que, durante miles de años, los seres humanos hemos sido capaces de predecir la posición de las estrellas y los planetas, la ocurrencia de los eclipses y el calendario de las lluvias de meteoritos".

Las palabras de Napoleón Hill describen un orden universal.

No lo controlas tu, sino un poder infinito. Lo que tú sí puedes controlar son tus actos y tus hábitos. Tú eres quien eres por ellos. La repetición de tus actos crea tus hábitos. Buenos o malos, tú te conviertes en tus hábitos. Pero puedes cambiar, te puedes transformar, puedes renovarte. Por supuesto, eres tú quien debe tomar esa decisión. Como ocurre con los atletas o los artistas buenos, para crear nuevos hábitos, hace falta esmero y determinación.

Hacer limonada con limones

La historia de la vida del padre Elizondo y sus experiencias ilustran lo que digo. Le gusta hablar de la gente tan excepcional que conoce. De aquellos que han aprendido a superar la influencia de su entorno desarrollando unos patrones de conducta fuertes y positivos. Son casos que merece la pena resaltar porque hay muy pocos. De ellos podemos aprender mucho.

Virgil cuenta la historia de uno de sus feligreses, un joven de 20 y pico años que se llama Gerardo Olaz. Gerardo llegó a San Antonio desde Costa Rica en busca de mejores oportunidades económicas. Era un hombre ágil y muy buen deportista, un excelente jugador de fútbol cuyo sueño era jugar profesionalmente a este deporte. Cuando se instaló en Estados Unidos, entró a trabajar en una compañía especializada en la poda de árboles y aprendió a manejar maquinaria pesada. Sus jefes le daban encargos complicados y de responsabilidad. Trabajó muchas horas y nunca se quejó. De tanto repetirse a si mismo ideas positivas, se acostumbró al optimismo.

Los domingos después de misa, solía ir a ver a Virgil y le hablaba apasionadamente de la suerte que tenía. El dinero que ahorraba lo enviaba a su madre, que había quedado en Costa Rica. Su objetivo era ayudarla a saldar sus deudas y volver a su patria para luchar por su sueño de ser deportista profesional.

Un día, al podar las ramas de un árbol alto tocó accidentalmente un cable de alta tensión. En un instante, su cuerpo atlético y perfecto recibió una descarga eléctrica de 20.000 voltios. Cayó desplomado desde la altura de 15 pies a la que se encontraba. La sacudida había entrado por sus manos y salido por los pies. Tenía fritas las extremidades. "Está muerto", pensaron. "El interior de su cuerpo tiene que estar abrasado". En prácticamente la totalidad de los casos, cuando el cuerpo sufre una descarga de este tipo, queda totalmente calcinado, de los pies a la cabeza.

"¡Esperen! Todavía respira", dijo alguien. "¡Llamen a una ambulancia!". Nadie sabe cómo es que los órganos internos de Gerardo lograron resistir el trauma. En este caso, la electricidad seccionó sus pies y casi destruyó sus manos. En un intento extremo de salvarlas, los médicos del Brooke Army Hospital aplicaron un procedimiento muy poco frecuente: abrieron sus muslos e insertaron en ellos las manos durante varias semanas para que se nutrieran del propio cuerpo, de forma natural.

La recuperación fue larga, lenta y dolorosa. Cuando Gerardo salió del hospital, el padre Elizondo lo acogió en la catedral de San Fernando. Allí, él y otros voluntarios de la parroquia le proporcionaron alojamiento y comida mientras sanaba. Con el paso de los meses, aprendió a mover otra vez los dedos y a sujetar un tenedor. En las misas dominicales, a instancias del padre Virgil, la congregación aportó dinero para comprarle a Gerardo unas prótesis para los pies.

El joven se dio cuenta en seguida de que nunca llegaría a ser jugador profesional de fútbol. Pero seguía viéndose como una persona completa. No se quejó por el accidente, sino que agradeció a Dios por el milagro que le salvó la vida y por los muchos amigos que le ayudaron a recuperarse. En medio de todo el sufrimiento, supo mantener su sentido interno del optimismo. Sabía que no podía controlar la fuerza de la rutina cósmica. Pero sí podía controlar la fuerza de su rutina. Y lo hizo. Cuando se recuperó, volvió a Costa Rica, donde pronto contrajo matrimonio.

Lo último que supo Virgil de él fue que tenía familia, que estaba trabajando y enseñando a los niños a jugar al fútbol. Desde muy joven, Gerardo estableció unos patrones de conducta optimistas en su vida, y cuando le llegó la tragedia recurrió a ellos para que le ayudaran a recuperarse. A veces se sentía deprimido, como le ocurriría a cualquiera en su situación, pero se negó a lamentarse por las cosas que ya no podría hacer. Fijó su atención en las que sí podía hacer. Y podía hacer muchas.

El padre Virgilio: "Lo que he encontrado en personas como Gerardo, que han superado desgracias y desastres, es su sentido de la gratitud por estar vivos y una extraordinaria falta de envidia hacia los que están bien. Eso les proporciona en su interior una gran sensación de libertad, paz, tranquilidad y fuerza creativa. No sólo son sobrevivientes, sino que logran además cosas increíbles".

Eres lo que haces

Como dice Napoleón Hill: "Con la repetición, los hábitos pasan a formar parte de tu naturaleza. Si creas unos hábitos de pensamiento mediante la repetición de ciertas ideas en tu mente, la fuerza de la rutina cósmica se hará cargo de esos patrones de pensamiento. Estarán en tu mente más o menos permanentemente, dependiendo de las repeticiones que hagas. Lo mismo sucede con el ejercicio físico".

La gente que hace deporte todos los días *desea volverse a ejercitar al día siguiente.* Tienden a estar sanos y en forma. La gente que mira la televisión *desea mirar la televisión todo el día.* Tienden a engordar y a tener problemas de salud. Sé consciente de lo que piensas la mayor parte del tiempo. Conoce tus pensamientos y actos predominantes. Los pensamientos se convierten en actos. Los actos, con la repetición, crean hábitos. Tú te conviertes en tus hábitos.

Dichos

Hay un viejo dicho que, según el padre Virgilio, describe la actitud de la gente que es capaz de superar los varapalos que a veces depara la vida. "Algunos ven una hermosa rosa y se quejan de que tiene espinas; otros ven las feas espinas y se maravillan de la hermosa rosa que brota de ellas". La gente que se fija en la suciedad, ve suciedad. Los que prefieren ver la belleza, verán belleza. Los que triunfan por encima de los desastres son aquellos que han creado un hábito de ver el lado hermoso de las cosas.

¡Lo increíble es que la mente toma los pensamientos que tú le das por repetición y los hace realidad! La mayoría de los pesimistas son infelices, unos gruñones, gente insatisfecha. Los optimistas son felices y tienen éxito. ¿Cuál de los dos quieres ser? Recuerda que *aquello que tu mente conciba y crea es lo que conseguirás*. ¿Conseguirás una rosa? ¿Conseguirás una espina? Las posibilidades son las mismas. Depende de ti y de tus pensamientos.

Ahora deja el libro. Tómate unos minutos para examinar cuáles han sido tus pensamientos predominantes esta semana. Escríbelos. Revísalos detenidamente. ¿Cuántos son pensamientos de éxito? ¿Cuántos son de duda y de miedo? Para ahora, la mayoría de tus pensamientos deberían ser positivos. Si es así, vas camino del éxito.

¡Pero espera! ¿Todavía te afloran de vez en cuando pensamientos de pobreza y de obstáculos? Si es así (y lo será, especialmente si han sido los pensamientos dominantes durante un tiempo), sustitúyelos conscientemente con el arte de la sugestión, como recomienda Napoleón Hill. Agarra la hoja de papel donde has escrito tu meta. Léela otra vez. Y otra. Y otra. Tantas veces como sea preciso para sustituir esos pensamientos dubitativos y temerosos. Con el tiempo, de cuatro a seis semanas, verás que prevalecen los pensamientos positivos. Habrás ganado la batalla.

Los latinos somos optimistas por naturaleza

"No hay mal que por bien no venga" es uno de los dichos latinos más populares. Para el padre Virgil, ese refrán resume la actitud de los latinos hacia la vida. Este constante optimismo, combinado con nuestra profunda fe en nuestro Dios, o en la sabiduría e inteligencia infinita, nos coloca en una posición especialmente buena para *buscar* el éxito. Sin embargo, tenemos que aprender a transformar estos atributos en vehículos para *lograr* el éxito. El padre nos advierte de que hay una gran diferencia según interpretemos nuestra fe en Dios. Algunos la ven como una huida de nuestras responsabilidades; otros, como una energía creativa que reside en nuestro interior.

Los latinos a menudo hablamos de Dios con mucha familiaridad. El padre Elizondo nos aconseja que interpretemos esas frases como una creencia en la inteligencia infinita, pero no como una dependencia ciega de ella. Lo que Dios quiera. Como Dios quiera. Sea por Dios. Creer en Dios no debe convertirse en depender de Él. Porque nosotros somos partícipes de Su inteligencia infinita. La inteligencia infinita y cada uno de nosotros somos lo mismo. Después de todo, incluso la Biblia dice que fuimos creados a imagen y semejanza de un Dios creativo, un Dios con inteligencia infinita.

El padre Virgil dice:

> Cuando la gente cree que es mejor dejar todo en manos del poder superior, se hace prisionera de su propia fe. Se queda sentada esperando a que la inteligencia infinita tome sus decisiones. Deja de confiar en su instinto. Cree que su instinto está separado de la inteligencia infinita. Pero no es así.
>
> Cuando tengas que tomar una decisión, lo mejor es combinar tu fe en Dios con la fe en ti mismo. No hace falta que seas un genio para estar en contacto con la inteligencia infinita. La tienes dentro. Es parte de ti. Los contratiempos que puedas sufrir no son castigos de Dios. Son experiencias de las que puedes aprender y emerger con más fuerza e inteligencia. No existe el fracaso absoluto; sólo oportunidades para nuevos inicios.

El padre Elizondo es un hombre sabio y con una formación académica muy extensa. Obtuvo un doctorado en París. Es autor de más de una docena de libros, que han sido traducidos a ocho idiomas. Ha impartido clases magistrales por todo el mundo. Pero sus conocimientos se basan tanto en lo que ha aprendido en el mundo académico como en lo que adquirió de sus padres, ninguno de los cuales acabó la escuela primaria.

"En lo que yo puedo recordar, mis padres nunca dudaron de que yo iría a la universidad y obtendría mi diploma. Nunca se plantearon otra alternativa. Confieso que no tengo ni idea de cómo llegaron a esa conclusión, pero me la inculcaron tan profundamente que yo nunca la cuestioné".

El padre de Virgil, Don Virgil, era un emprendedor. Llegó de México al principio de la Revolución, hacia 1911. Tenía diez años, y vino solo hasta Estados Unidos para reunirse con un tío lejano que andaba en el negocio de los comestibles. El abuelo de su tío se había quedado en Texas después de que México cediese este territorio hacía 50 años. Abrieron una tienda que se llamó Elizondo Grocery. Gobernada con seguridad y confianza por ellos dos, la tienda gozó de excelente salud durante décadas.

Ya de joven, Don Virgil era muy adepto a ganar dinero y a ahorrarlo. Siempre trabajó por su cuenta, no necesariamente para hacerse millonario, sino para sentir que era capaz de mantenerse a sí mismo. Cuando el Señor se lo llevó, la Sra. Elizondo se quedó con la casa y el negocio completamente pagados. El padre de Virgil no debía un centavo a nadie. No era rico, pero hizo lo que quería: establecer un pequeño negocio y ser su propio jefe.

¿Qué prueban estas historias? Que los latinos poseemos unos atributos naturales muy importantes. Nos encanta trabajar. No nos asusta trabajar duro. Nos vigoriza. Somos optimistas naturales. Miramos el lado bueno de las cosas.

Al recordar su infancia, el padre Elizondo habla de cómo sus padres tomaban constantemente la iniciativa y asumían sus responsabilidades. "Mi mamá y mi papá no eran de los que acudían a misa todos los domingos", dice, "pero tenían un fuerte sentido de la presencia y el apoyo de un Dios que cuidaba de ellos. Ellos me enseñaron el poder infinito que todos portamos dentro. Esa fe les daba confianza y aliento para 'ir a por ello' cuando tenían la ocasión".

El poder de las amistades colaboradoras

El padre Elizondo cree en lo que llama "amistades colaboradoras". No sólo los amigotes que se juntan para tomar unos tragos, sino los que se reúnen para hablar de posibilidades y de oportunidades reales. Siempre que su papá, Don Virgil, y sus amigos se reunían, volvían a casa habiendo creado algo mucho más valioso que una buena conversación. Hablaban de historia y de cómo influye en el futuro. De política y de cómo podían contribuir a mejorar las cosas. Hablaban de sus familias y de qué podían hacer para ayudar.

Uno de los miembros de aquel grupo era Peter Reed. Un día, comentaron que mucha gente en el vecindario quería comprar velas religiosas, pero no había dónde. Querían velas como las de México, las que llevaban la imagen de la Virgen de Nuestra Señora de Guadalupe o de San Juan.

"Hay demanda de candelas religiosas. Uno de nosotros debería abrir un negocio para fabricarlas", observó el Sr. Elizondo. "Yo lo puedo hacer", dijo Reed. Así nació Reed Candle Co. Tuvo tanto éxito que Peter Reed se hizo millonario. Al morir, dejó la empresa a sus dos hijos, Peter y Henry, quienes la convirtieron en una de las compañías de velas religiosas más grandes del país. También ellos se hicieron millonarios. Y todo por las amistades colaboradoras iniciadas por Don Virgil Elizondo muchos años atrás. Actualmente, los libros de negocios denominan a estas reuniones *networking*. Llámalas como quieras; cuando varias personas con perspectivas similares se reúnen para hablar de oportunidades y posibilidades, surgen ideas magníficas. Esas ideas pueden producir una nueva forma de ver la realidad. Recuerda la máxima de Hill: *Tú puedes conseguir cualquier cosa que tu mente sea capaz de concebir y creer.*

El pacto educacional

Los padres en el "grupo de Don Virgil" hablaban a menudo de ampliar las oportunidades de sus hijos. Así llegaron a la sabia conclusión de que una educación universitaria les abriría muchas puertas. Hicieron un pacto para que sus hijos lograran títulos universitarios. Para hacernos una idea de lo extraordinaria que resultaba esta promesa, hay que recordar que en aquella época, a comienzos de los 1940, casi ninguna familia latina pensaba en darles a sus hijos una educación universitaria. Y a las mujeres, menos todavía.

Desde el momento en que el grupo hizo el pacto, el futuro educativo de Virgil quedó sellado. Iría a una escuela militar privada. En la Academia Militar Peacock conoció e hizo amistad con muchachos anglos y mexicanos de familias pudientes. Esa experiencia le enseñó a sentirse cómodo alrededor de gente distinta a él. También le enseñó a sentirse igual a ellos, a ejercitar su mente y a creer que todo era posible.

De la elitista Peacock pasó a una pequeña universidad católica privada, St. Mary's, donde obtuvo la Licenciatura en Ciencias. Para alguien que venía de San Antonio Oeste, Virgil estaba recibiendo una educación de primera clase. En St. Mary's sus profesores le hablaron de la posibilidad de ser sacerdote. Ésta acabó siendo su llamada, la vocación de su vida. De allí pasó al seminario, donde estuvo otros cuatro años formándose en estudios de teología avanzada. Tras ordenarse sacerdote, tomó la decisión de que sería el mejor párroco que pudiera llegar a ser.

Pero Virgilio Elizondo estaba destinado a metas mucho más altas. Sentía fascinación por las enseñanzas de la religión católica —a menudo ignoradas— sobre la necesidad de que la Iglesia se implique en todos los aspectos de los derechos humanos y el desarrollo. Si antes tampoco se había destacado por seguir al pie de la letra el enfoque tradicional de la Iglesia respecto a la doctrina, ahora se convirtió en una especie de radical. Se unió a la causa de los derechos civiles, marchó con César Chávez, apoyó a Martin Luther King y participó en manifestaciones. Se convirtió en defensor de los pobres y de los trabajadores indocumentados y vilipendiados. Virgil veía sus necesidades, pero también su potencial. Para mejorar el entendimiento y la relación entre las culturas fundó el ahora famoso Centro Cultural Mexicano Americano (Mexican American Cultural Center, MACC). Al Centro acude gente de todo el mundo para observar sus enseñanzas sobre el *mestizaje* y las ventajas de la integración interracial, cultural y lingüística en nuestra realidad cotidiana. Las corporaciones, como algo novedoso, ahora lo llaman entrenamiento en diversidad. Hace más de 35 años, Virgil ya lo ponía en práctica.

Pero no queda ahí. Virgil se hizo amigo de un profesor francés llamado Jacques Audinet que fue a enseñar al MACC. Jacques le sugirió que aprendiese francés y se fuese a París a sacarse el doctorado. Al principio, Virgil quedó desconcertado. "¿Yo? ¿Un párroco mexicano-americano?". Luego lo pensó un poco mejor. "¿Y por qué no yo?".

"Tus enseñanzas sobre mestizaje son muy profundas. Deberías escribir una tesis doctoral sobre ellas", le dijo Jacques. "Lo que has escrito sobre ese tema debería publicarse en todo el mundo. Ven conmigo a París. Te ayudaré todo lo que pueda". Y eso fue lo que ocurrió. Entre los dos sacerdotes nació una maravillosa amistad colaboradora que todavía perdura. Juntos y por separado han llevado el mensaje del mestizaje a Europa, América Latina, África y Asia, así como a todas las esquinas de Estados Unidos. Con ello han contribuido a mejorar el entendimiento cultural y humano mucho más allá del lado Oeste de San Antonio.

De toda la gente que conozco, el padre Virgil es el que mejor percibe el concepto de la fuerza de la rutina cósmica. Este hombre aúna su fe en Dios con la fe en sí mismo. No espera que el *hombre de ahí arriba* le solucione las cosas con milagros. Él se lo trabaja. Sin parar.

Dice el padre Virgil:

> Dejar todo en manos de Dios sería una traición. Dios quiere que utilice la inteligencia que me ha dado para compartirla con la Creación. Nos la ha concedido para que cuidemos de ella. Por tanto, me gusta vivir como si todo dependiera de mi, aunque sé perfectamente que el resultado final depende de Dios. Esto me da una tremenda sensación de fuerza interior porque sé que cualquiera que sea el producto final, será lo que debe ser.
>
> Creo en Dios, pero no dependo de Él, porque Él comparte su inteligencia divina conmigo. No soy su marioneta, sino su compañero. Nadie lo somos. Todos hemos sido creados para ser sus compañeros.

Y como él cree en lo que hace, casi todos los días le caen milagros en su regazo. ¡Así trabaja la fuerza de la rutina cósmica!

El salto definitivo

La primera vez que Napoleón Hill publicó sus libros *Think and Grow Rich* y *The 17 Principles of Personal Achievement,* no tenía ninguna prueba científica que apoyara su tesis de que se puede conseguir cualquier cosa que la mente sea capaz de concebir y creer. Incluso los científicos más respetados de la época, amigos de él como Albert Einstein y Thomas Edison, no fueron capaces de ayudarle a probarla. De todos modos, convenció a millones de personas de todo el mundo de que nuestros pensamientos realmente se transforman en realidad.

Eso era hace tres cuartos de siglo. Actualmente, sí existe una base científica que confirma las teorías de Hill. Se llama física cuántica. A menudo descrita como la ciencia de las posibilidades, la física cuántica prueba que la mente tiene poder para crear la realidad. Y explica que *la realidad que existe dentro del cerebro, sea cual sea, es más real que la que existe fuera de él.* Este fascinante descubrimiento científico puede expresarse de diversas maneras:

"Lo que es real en tu cerebro, eventualmente se hace realidad en tu vida".

"Sea lo que sea que pienses, si se repite lo suficiente, se hace realidad en tu vida".

Este descubrimiento, si lo ponemos en práctica, podemos interpretarlo al menos de dos formas distintas:

"Si piensas en el éxito, el éxito se hace realidad".
"Si piensas en el fracaso, el fracaso se hace realidad".

No hay que ir a Harvard o a Yale para aprender física cuántica. Basta con alquilar la película *What the (beep) do we know?* En ella encontrarás una explicación práctica, divertida y completa de los avances de la ciencia en el conocimiento de las nuevas y misteriosas maneras de funcionar que tiene el cerebro. En la película, varios científicos e investigadores de renombre detallan la manera en que la ciencia actual nos permite analizar la energía eléctrica que constituye y conecta nuestros pensamientos. Cuanto más frecuente es un mismo pensamiento, más fácil es para el cerebro producir receptores que se alinean con esa idea, impulsando su repetición y permitiendo que se haga cada vez más real. Cuanto más real sea en la mente, más probabilidades hay de que se haga real en la vida.

Cuando vi la película no me sorprendió. Explicaba una realidad que yo he sabido durante años. Pero ahora, académicos como los que antes se mofaron de los descubrimientos de Napoleón Hill se están subiendo al tren. Empiezan a pensar como nosotros. Es como si nos estuvieran dando el perfecto papel para envolver este regalo llamado *Piensa y serás rico: una opción latina*. La película prueba que los principios dibujados por Napoleón Hill en su trabajo y desarrollados en este libro no son teorías cuestionables ni hipótesis que haya que probar. Son tan reales como tú. Y tan reales como tú quieras hacerlas.

Los investigadores han probado que la intención es una fuerza que crea realidades. Por tanto, nos han dado un razonamiento científico de por qué la fortuna sonríe a los optimistas. ¡Como normalmente tienen la cabeza llena de buenos pensamientos, al final se hacen realidad! La física cuántica también explica el funcionamiento de la autosugestión consciente. Repetirte a ti mismo cuál es tu meta seis veces todos los días durante seis meses, obliga al cerebro a fortalecer sus receptores neurales para esa intención. Fuerza a tu mente consciente a conectar con tu subconsciente y a crear su propia realidad. Por otro lado, esta disciplina también demuestra que los pensamientos negativos producen *mala suerte*.

Hay una canción que dice: "Si no tuviera mala suerte no tendría suerte alguna". ¿Cuál es la actitud de esa letra? Acertaste. Negativa. La próxima vez que te sientas bajo de moral por algo malo que te ha pasado, sé consciente de lo que haces. Si te cebas en tu desgracia, tu cerebro empezará a generar energía negativa. Esa energía fortalece los receptores del cerebro cada vez que hay un pensamiento negativo. Si no te das cuenta de lo que estás haciendo y no transformas tus pensamientos negativos en positivos, atraerás más energía negativa y más mala suerte. Muy pronto te encontrarás cantando la canción de la mala suerte de camino a un hoyo bien negro.

Y lo contrario también es verdad. Cuando aprendes a darte cuenta de que tienes pensamientos negativos después de algo que ha ocurrido, es posible darles la vuelta a las cosas con rapidez. Puedes tomar esa experiencia y convertirla en una oportunidad. Aprenderás de tu error. Sólo entonces tendrás la suficiente claridad mental para pensar y concentrarte en tu meta y en tu propósito fundamental definido. Sólo entonces empezará tu cerebro a producir receptores de buena suerte. Sólo entonces sucederán cosas mágicas. Haz esto, y volverás al camino correcto antes de darte cuenta.

Cuando tomé la decisión de aceptar la noción de que mi mente era capaz de conseguir cualquier cosa que podía imaginar, no tuve ninguna duda. No miré atrás. Era joven y estaba listo para creer. Estaba listo para cambiar mi vida. Con una familia en aumento y estancado en un empleo que pagaba diez centavos por encima del salario mínimo, tenía que hacer algo. Me encantaban mi trabajo y mis compañeros, pero no había manera de dar salida a mis sueños quedándome allí y haciendo lo que estaba haciendo. *Think and Grow Rich* y *The 17 Principles of Personal Achievement* cambiaron mi vida casi de inmediato. Mis preocupaciones monetarias se desvanecieron. Gané confianza en mi mismo. Estaba dispuesto a creer que cualquier cosa era posible. Mi negocio despegó. ¡Estaba en camino!

Hoy en día, no tengo problemas económicos. He levantado y vendido la agencia hispana de publicidad más grande de Estados Unidos y he sido asesor de tres presidentes. He trabajado con los líderes de las empresas más grandes del país, dado clases en Harvard y recibido premios suficientes como para llenar una nave industrial (aunque no los muestre). Al echar la vista atrás, me quedo maravillado de mi buena suerte y doy gracias a Dios, a mi esposa y a mi familia, a mis colegas y a mis amigos por ser parte de mi éxito y por ayudarme a disfrutar de una vida tan espléndida. Y todo porque descubrí a Napoleón Hill y seguí su método.

Mi buen amigo Henry Cisneros, el antiguo secretario de Vivienda bajo el presidente Clinton, hizo un comentario muy profundo el otro día mientras desayunábamos. Dijo que, como latinos, tenemos suerte de abrazar todos los valores que nos hacen quienes somos. Como estadounidenses, valoramos la búsqueda de la felicidad. Como latinos, valoramos simplemente la felicidad.

No sé qué pensarás tú, pero yo creo que esa es una posición envidiable. Por lo que a mi respecta, yo he disfrutado de la búsqueda tanto como de la felicidad.

Agradecimientos

Cuando mi buena amiga Adrienne Pulido me llamó para decirme que la Fundación Napoleón Hill estaba buscando a alguien para escribir la versión latina de *Think & Grow Rich*, me alegré muchísimo. Adrienne recordaba que las enseñanzas de Napoleón Hill habían cambiado mi vida y pensó que se trataba de un proyecto hecho justo a mi medida. Así, me puse en contacto con Don Green, el director ejecutivo de la Fundación, quien se mostró encantado y me explicó que su idea era hablar de cada uno de los Principios del Éxito Personal del Sr. Hill a partir de las historias personales de 17 latinos que han triunfado en sus vidas.

Me siento profundamente agradecido a Adrienne y a Don por haberme concedido el privilegio de renovar mi conexión con Napoleón Hill y por la inmensa oportunidad de transmitir sus enseñanzas a una nueva generación. De alguna forma, se puede decir que con este trabajo cierro el círculo que se abrió cuando conocí a este hombre excepcional y con el impacto que luego tuvo en mi vida.

Mi más sincero agradecimiento a los 17 latinos que se han prestado como ejemplos para poder contar este libro. Fue un placer entrevistar a 16 de ellos y conocer sus historias más de cerca. Me maravilla y me inspira al mismo tiempo todo lo que han logrado, todo lo que han aportado a nuestra comunidad y lo hermosos que son como personas.

Por encima de todo quiero expresar mi gratitud a mi maravillosa y paciente esposa y compañera, Kathy Chapman Sosa, quien entrevistó a Alberto Gonzales. Ella es mi *Equipo A* y sigo con gusto sus consejos, especialmente en todo lo que se refiere a mis escritos. Kathy lee y mejora todas mis líneas, y este libro no es una excepción.

A mis hijos, nietos y bisnietos, al resto de mi familia y a mis amigos, especialmente a mi hermano Robert, a mi compadre Oscar Vaca y a mi mentor Lou Agnese: gracias por estar conmigo en todo momento.

Finalmente, gracias a mi madre, Anna María de Jesús Ortiz, y a mi padre, Roberto Jiménez Sosa, quienes inmigraron desde México siendo sólo unos niños. Con su valentía ellos me concedieron el derecho a nacer en este gran país que llamamos Estados Unidos.

Notas

Todas las citas de los protagonistas de cada capítulo provienen de las entrevistas realizadas por el propio autor y han sido utilizadas con permiso de las personas entrevistadas.

Todas las citas y comentarios parafraseados de Napoleón Hill proceden de su libro *Napoleon Hill's Keys to Success: The 17 Pinciples of Personal Achievement,* editado por Dutton Books en 1994, y han sido reproducidos con permiso de la Fundación Napoleón Hill.

La cita de Samuel P. Huntington en el capítulo 1 procede de su libro *Who Are We?: The Challenges to America's National Identity,* publicado en 2004 por Simon & Schuster.

Todas las citas de Charles Patrick García en el capítulo 2 provienen de su libro *Message From Garcia,* publicado por John Wiley & Sons, Inc. en 2003, o han sido recogidas en entrevista y empleadas con su permiso.

En el mismo capítulo, la cita de Arnold Schwarzenegger proviene de su elogio al libro de Charles Patrick García, *Message From Garcia.*

Todas las citas del presidente George W. Bush que aparecen en el capítulo 4 proceden de una entrevista y han sido utilizadas con su permiso.

La cita de John F. Kennedy en el mismo capítulo ha sido obtenida de su discurso inaugural del 20 de enero de 1961.

En el mismo capítulo se recoge una cita de Muhammad Ali que procede de su libro *The Soul of a Butterfly: Reflections on Life's Journey,* publicado por Simon & Schuster en 2004.

En el capítulo 12 se hace una paráfrasis de Peter Drucker que procede de la obra *Napoleon Hill's Keys to Success: The 17 Principles of Personal Achievement,* publicada por Dutton Books en 1994.

Asimismo, en el capítulo 12 hay una paráfrasis de Donald Trump extraída de su libro *How to Get Rich,* editado en 2004 por The Random House Publishing Group, una filial de The Random House, Inc.

Malcolm Gladwell aparece parafraseado en el capítulo 13 a partir de su obra *Blink: The Power of Thinking Without Thinking,* editada por Little, Brown and Company en 2005.

El perfil empresarial de Reyes Holdings LLC que aparece en el capítulo 17 proviene de Hoovers Online (*www.hoovers.com*).

La descripción de Virgilio Elizondo realizada en el capítulo 18 ha sido obtenida del artículo "If Jesus Had Been Born in San Antonio", aparecido en la revista *Time* el 11 de diciembre de 2004.

Índice

abandonar nunca, 204, 206 7
adversidad como consejera,
    166–75
Aguilar, Al, 33–37, 44
Ali, Muhammad, 61–62
anglos, 183, 219
    atención controlada y, 143–44
    valores, 183, 219
Alvarado, Linda, 104–9
aprecio por la gente, 43, 61–62
apretón de manos, 43, 63–64,
    84
AT&T, 115
atención a los intereses, 43,
    59–60
atención controlada, 98, 118,
    134–44, 182

atleta, atlético, 38, 212
    buena salud y, 190–94
Audinet, Jacques, 220
autosugestión, 5, 197, 215,
    224

Barshop, Bruce, 145–52
Bromley, Ernest, 33–37
Buffett, Warren, 111
Bush, George W., 38, 113, 130,
    187
    personalidad atractiva de, 43,
    45
    Gonzales y, 87–88
    iniciativa personal y, 92–95,
    99
Bustamante, Cruz, 167

Cabral, Anna, 177–78
Cabral, Víctor, 181, 184–86
Casares, Wenceslao, 24–25
Cisneros, Henry, 144, 156, 167, 225
Cisneros, Sandra, 32
Clinton, Bill, 38, 64, 100, 167, 225
Clinton, Hillary, 38, 67
compromiso, 167, 218
orígenes de, 150–52
trabajo en equipo y, 149–50
conciencia, 132
consejo, consejeros, 21–23, 31, 35, 132, 170, 180–81, 207
Convención Republicana, 93–95
cortesía, 42, 44, 49
críticas, 72–73, 98
pensamiento creativo y, 176–78, 182–84

definición del propósito, 5, 18–29, 55, 80–81, 98
autodisciplina y, 118, 123–25
encontrarla, 19–20
escuchar a tu instinto, 20–21
mentores y consejos, 21–23
poner en práctica y, 24–25
subconsciente en, 23, 27–28
y entusiasmo controlado, 116–117
y finanzas, 21, 24, 28, 199–201
y oportunidad, 20–21, 28–29

y pensamiento creativo, 183–84
y trabajo en equipo, 148, 151–52
Dennis, Patricia Díaz, 120–24, 129, 131–33
deportividad, 43, 62–63
derrota, ver fracaso.
dieta, 76, 123, 125–27
buena salud y, 192–94, 196

educación, 7, 9, 72, 168
de Gonzales, 84–88
de Romero, 97–99
de Sosa, 30–31, 101
de Treviño, 67–71, 79–80
entusiasmo controlado y, 112–16
fuerza de la rutina cósmica y, 217, 219–221
gestionar el tiempo y el dinero y, 202, 204–5
pensamiento certero y, 157, 159
pensamiento creativo y, 177–84, 187
y la adversidad como consejera, 170–72
ego, 129–30, 174
ejercicio, ejercitar, 76, 214
autodisciplina y, 125–27
buena salud y, 192–94, 196–97
y gestionar el tiempo y el dinero, 201

Elizondo, Don Virgil, 217–19
Elizondo, Virgilio, 10
  control de, 43, 58–59,
    119–120, 130–31,
    200–201
  educación de, 217, 219–20
emociones, 73
  fuerza de la rutina cósmica y,
    210–221
  personalidad atractiva y, 43,
    52, 55, 58–59
  positivas y negativas, 52,
    58–59, 119–120, 130–31,
    197
entusiasmo controlado, 98,
  110–17
envejecer, miedo a, 76, 174
Esparza, Moctesuma, 32
expresión facial, 42, 52–53

familia, familias, 96, 113,
  224–25
  actitud mental positiva y,
    103–5, 109
  alianza de mentes maestras y,
    32–33, 38, 150
  atención controlada y,
    135–44
  buena salud y, 191–92, 194,
    196–97
  de Gonzales, 85–88
  de Sosa, 30–31, 135–44
  fe aplicada y, 67–68, 79
  fuerza de la rutina cósmica y,
    213, 217–19

gestionar el tiempo y el dinero
  y, 199, 201–2
pensamiento certero y,
  157–62, 164–65
personalidad atractiva,
  49–52, 61
pensamiento creativo y,
  177–82, 184–85, 187
trabajo en equipo y, 150
valores latinos frente a valores
  anglos y, 14–15
fe, 118–19, 130–32, 148, 173,
  187, 225
  actitud mental positiva y,
    103–4
  aplicada, 65–80, 99, 118,
    133, 134, 201
  autodisciplina y, 118, 124
  buena salud y, 194–196–97,
    198
  en la inteligencia infinita, 43,
    55, 66, 131, 216
  éxito personal y, 156–57
  finanzas y, 67, 201–202, 205,
    206–7
  fuerza de la rutina cósmica y,
    210, 212–13, 215–18, 221
  pensamiento certero y,
    156–62
  personalidad atractiva y, 42,
    49, 53, 62
  poder de, 67–70, 79–80
  superar los miedos y, 70–78
  valores latinos, valores anglos,
    14–15, 103–4

física cuántica, 222–24
flexibilidad, 42, 46–47
fracaso, fracasos, 72, 117, 223
    y la adversidad como
        consejera, 166–67, 170–75
franqueza, 43, 53–54
Fuentes, Phil, ix, 167–72
fuerza de la rutina cósmica, 133,
    210–20

Galvin, John, 22
García, Charles Patrick, 19–29,
    135
García, David, 49
García, Jeff, 191–96
Gonzales, Alberto, 84–88
Green, Don M., ix–x, 60

hábitos controlados, 164–65
hacer siempre un poco más,
    81–91
    pensamiento creativo y, 176
    finanzas y, 82–83, 200
Hatch, Orrin, 185–86
Hill, Napoleón, 40, 92, 105,
    116–17, 118–19, 136,
    173, 200
    actitud mental positiva, 101,
        103, 109
    adversidad como consejera y,
        166–67, 169, 175
    atención controlada y, 118,
        136, 144
    autodisciplina y, 119, 123,
        127–29, 133

fe aplicada y, 65–66, 71, 80
hacer siempre algo más,
    81–82, 176, 183
    la máxima de, 4–5, 29,
        33–34, 80, 155, 215, 219,
        222
    pensamiento certero y, 136,
        154–55, 164
    personalidad atractiva y,
        42–43, 49–50, 54, 58, 62,
        64, 134
    sobre el entusiasmo
        controlado, 110, 116–17
    sobre la fuerza de la rutina
        cósmica, 210–211, 214
    sobre los miedos, 71–76
    sobre el binomio mente-
        cuerpo, 189, 197
    sobre la estructura de tu
        mente, 128–30
    trabajo en equipo y, 145,
        148–49
Holtzman, Seymour, 21
Huffnagel, Charles, 21
humildad, 14, 16, 156
    actitud mental positiva y,
        103–4
    pensamiento certero y, 160
    personalidad atractiva y, 43, 62
humor, sentido del, 43, 54–55,
    107

Iglesias, Julio, 39
imaginación, 98, 133, 174,
    180–87, 197–98

iniciativa personal, 92–99, 182
   atención controlada, 136–37
   crea el futuro, 97–98
   crea impulso, 96–97
   es contagiosa, 95
   finanzas y, 93–96
   tener éxito y, 92–94
inteligencia infinita, 133
   fe en, 43, 55, 66, 131, 216
   fuerza de la rutina cósmica y,
      216, 221
intuición, 163–64

justicia, 43, 55–56

Kelman, Charles D., 26–28
Kennedy, John F., 57, 88

Larguía, Constancio, 24
Latinos
   discriminación, 7, 9, 53,
      160–61, 162, 164–65,
      183
   estereotipos, 48, 71, 119, 151
   historia y herencia, 6–11, 16,
      62–63, 103–4, 120,
      156–57, 162, 164–65,
      191, 197
libertad, miedo a perder la,
liderazgo, 21, 120, 186
   entusiasmo controlado y, 112,
      115
   personalidad atractiva y, 43,
      45, 54–55
López, Jennifer, 63, 167

macho, 74, 107
   macho-siervo mentalidad,
      12–13, 17
magnetismo personal, 43,
   63–64
Mande usted, 12–13
Mason and Hanger, 206
McDonald's, 169–72, 203
Méndez, Jeanette, 56
mente, la estructura de,
   128–33
Microsoft, 38
motivación, 98, 152–53,
   163–64
muerte, miedo a la, 78
música, 38–39, 198

Napoleon Hill's Keys to Success,
   129, 222, 225
Nixon, Richard, 45, 100

Olaz, Gerardo, 212–15
optimistas naturales, 215–18

Paredes, Abel, Jr., 157–58, 160
Paredes, Raymund, 157–62
pensamiento certero, 154–65,
   182–83, 201
   atención controlada y,
      136–39
   desarrollo de, 162–64
   éxito y, 155–56
   fe y, 156–62
   hábitos controlados y,
      164–65

pensamiento creativo, 176–88, 200, 216
  atención controlada y, 134, 136, 140–42
  de Cabral, 176–88
  imaginación y, 182–87
personalidad atractiva, 118, 201
  atención controlada y, 136, 140
  cualidades de, 42–64
  Pulido y, 43–44, 47, 51, 53–55, 58–60
planificación, 93, 101, 111, 127–28, 130, 182–83, 200
  alianza de mentes maestras y, 33
  definición del propósito y, 25–26
  trabajo en equipo y, 148–49, 152
Piensa y serás rico (Hill), ix, 3, 6, 18, 60, 222, 225
Pond, Sally, 3–5, 31
Pulido, Adrienne, 35, 43, 47, 52, 53, 59

razón, 131
recuerdos, 132, 164
Reed, Peter, 218
respeto, 14, 16, 53, 161, 195–96
  actitud mental positiva y, 103, 107
  alianza de mentes maestras y, 32, 40

pensamiento creativo y, 185–87
Reyes, Joe, 202–9
Rice, Condoleezza, 130
Richardson, Bill, 32
Rivera, Antonio, 88–91
Romero, Raúl, 93–99

Schwarzenegger, Arnold, 25–26,
Secada, Jon, 93–94
sexo, 59, 63, 119, 197
sinceridad de propósito, 42, 47–48
SíTV, 145–52
Sosa, Cristina, 141
Sosa, Kathy, 17, 43, 56, 60, 78, 93, 130, 206, 210, 225
Sosa, Lionel
  alianza de mentes maestras, 31–35
  finanzas de, ix, 3–4, 30–31, 34, 82–83, 101–2, 136, 139, 224–25
  padres de, 30–31, 135–44
Sosa, Roberto, 30–31, 135–44
Sterling Financial Investment Group, 20
subconsciente, 81, 198, 224
  en la definición del propósito, 23, 27
Suro, Roberto, 9

tacto, 42, 44, 49–51
Texas Neon Sign Company, 82–83, 101

Tichenor, Warren, 95
tiempo, 123, 127–28
  pensamiento certero y, 154
  gestionar el, 182, 199–209
tolerancia, 43, 53
tomar decisiones, 82, 96–97,
    131, 192–93, 216
  pensamiento certero y,
    162–64
  personalidad atractiva y, 42,
    44, 48, 56
  temores y, 71, 73, 75
  la adversidad como consejera
    y, 170, 173
  alianza de mentes maestras y,
    34, 40–41
tono de voz, 42, 51–52
Tower, John, 47

Treviño, Jesse, 67–70, 79–80
Tucker, Sara Martínez, 112–16
Turner, Ted, 111–12

Valdez, Jeff, 145–52
valores, 11–12, 20–21, 40, 97,
    192, 225
  latinos comparados con
    anglos, 12, 14–17, 104–5
  actitud mental positiva y ,
    103–5
vergüenza, 16–17, 23, 73
versatilidad, 43, 61–62

What the (beep) do we know?,
    223

Yzaguirre, Raul, 10

Acerca de los autores

LIONEL SOSA es el fundador de la agencia hispana de publicidad más importante de Estados Unidos. Trabajó como asesor de comunicación de George W. Bush en la campaña presidencial de 2004. Ha sido consultor responsable de los medios de comunicación hispanos en seis campañas presidenciales desde 1980. Fue elegido uno de los 100 Hispanos Más Influyentes por la revista *Hispanic Business* y uno de los 25 Hispanos Más Influyentes por la revista *Time*.

LA FUNDACION NAPOLEON HILL es una institución educativa sin ánimo de lucro fundada por el Dr. Hill y basada en su renombrada Ley del Éxito. Está radicada en el campus de la Universidad de Virginia-Wise.